Bernd Hildenbrand und Thomas Stets (Herausgeber)

Das First Class Kochbuch

Wenn Sterne fliegen

HEEL

IMPRESSUM

HEEL Verlag GmbH
Gut Pottscheidt
53639 Königswinter
Telefon: 0 22 23 / 92 30-0
Telefax: 0 22 23 / 92 30-13
Internet: www.heel-verlag.de
E-mail: info@heel-verlag.de

© 2009 HEEL Verlag GmbH, Königswinter

Herausgeber: Bernd Hildenbrand, Thomas Stets
Redaktion: Kilian Reichert
Grafik: Grafikbüro Schumacher, Königswinter
Lektorat: Petra Hundacker, Christine Birnbaum
Fotos Food: Jürgen Jeibmann Photographik / Dresden
Weitere Mitarbeit: Thomas Lauterbach, Pellegrino di Leo,
Tobias Ritz, Christian Selent, Annerose Sieck
Bildnachweis:
Lufthansa Bildarchiv FRA CI/I: S. 4 links, S. 8, S. 9, S. 10 links, S.
11, S. 12, S. 13, S. 14, S. 15, S. 16, S. 22, S. 23, S. 24, S. 25, S. 26,
S. 27, S. 28, S. 29, S. 30, S. 31, S. 32, S. 33, S. 35
Archiv Rieger: S. 34
www.hoheduene.de: S. 78
Archiv Otto-Lilienthal-Museum / www.lilienthal-museum.de: S. 23

Druck: D+L Print Partner GmbH, Bocholt

Printed in Germany

– Alle Angaben ohne Gewähr –

ISBN: 978-3-86852-186-3

Bernd Hildenbrand und Thomas Stets (Herausgeber)

Das First Class Kochbuch

Wenn Sterne fliegen

Juan Amador · Karl Baumgartner · Paul Bocuse · Jonnie Boer · David Bouley · Daniel Boulud · Martin Buchleither · Pierre Buess · Philippe Chevrier · Filippo Chiappini Dattilo · Martin Dalsass · Sven Elverfeld · Marcello Fabbri · Michael Fell · Alfred Friedrich · Elisabeth Grabmer · Michel Guérard · Hans Haas · Marc Haeberlin · Tillmann Hahn · Geert Van Hecke · Eyvind Hellstrøm · Stefan Hermann · Livia und Alfonso Iaccarino · André Jaeger · JinR · Emile Jung · Dieter L. Kaufmann · Thomas Keller · Johannes King · Tam Kok Kong · Norbert Kostner · Gabriel Kreuther · Andreas Krolik · Ralf J. Lutzner · Susur Lee · Rey Lim · Mario Lohninger · Gualtiero Marchesi · Thomas Martin · Reto Mathis · Dieter Müller · Jörg Müller · Norbert Niederkofler · Karl und Rudolf Obauer · Martha Ortiz Chapa · Helmut Österreicher · Anne-Sophie Pic · Cornelia Poletto · Saverio Pugliese · Gérard Rabaey · Manfred Roth · Harald Rüssel · Santi Santamaria · Nadia und Antonio Santini · Guy Savoy · Martin Sieberer · Chris Staines · Hans Stefan Steinheuer · Luisa Valazza · Jean-Georges Vongerichten · Mike Wehrle · Heinz Winkler · Jean-Claude Wicky · Joachim Wissler · Harald Wohlfahrt · Frank Zlomke ·

HEEL

Inhalt

Service über den Wolken 12

Kulinarische Höhenflüge 36

Vorwort

Mein persönlicher Dank gilt allen Köchen, deren kulinarische Highlights wir bisher unseren First- und Business Class-Gästen an Bord unserer Lufthansa Langstreckenflüge servieren konnten.

Seit 1998 unterstützen uns weltbekannte Spitzenköche dabei, exklusive Speisen zu kreieren, die durch hervorragende Köche unseres Caterers, LSG Sky Chefs, zubereitet und an Bord unserer Flugzeuge geliefert werden. Alle zwei Monate sorgt ein neuer Meisterkoch mit seinen Menüs für gastronomische Vielfalt. Viele neue Ideen, die innovativsten und aktuellsten Trends fließen in diese Kreationen ein und bereichern unser Bordangebot.

Die Welt wächst zusammen: So international wie unser Lufthansa Streckennetz sind sowohl unsere Gäste als auch unsere Star Chefs. Wir verbinden Länder und Kulturen – auf allerhöchstem kulinarischem Niveau.

Die sehr positive Resonanz und viele Nachfragen unserer Gäste haben uns dazu veranlasst, dieses Kochbuch herauszugeben, um auch Ihnen auf Flughöhe Null eine Erlebnisreise in die Welt der Lufthansa Bordmenüs zu ermöglichen.

Viel Spaß beim Lesen und vor allem beim Nachkochen der nun folgenden Star Chef Köstlichkeiten.

Ihr

Christian Körfgen
Leiter Produktmanagement & Innovationen
Deutsche Lufthansa AG

Einleitung

Die Wünsche und Bedürfnisse unserer Kunden stehen bei Lufthansa an erster Stelle. Wir möchten das Fliegen zu einem rundum angenehmen Erlebnis werden lassen. Wie dieses Ziel in der Abteilung „Produktmanagement und Innovationen" geplant und umgesetzt wird, sollen die folgenden Ausführungen vermitteln.

Jeder kennt es aus dem täglichen Leben: Man kauft oder mietet eine Wohnung, die in der Regel unmöbliert ist. Um die Räume nach seinen persönlichen Bedürfnissen und Vorstellungen zu gestalten und einzurichten, engagiert man Innenarchitekten und Handwerker. Bei der Innenausstattung eines Flugzeugs ist das Procedere ähnlich, es wird nur in entsprechend großem Rahmen entwickelt und eingekauft. Die Fluggesellschaft bestellt beim jeweiligen

Flugzeughersteller ein komplett leeres Flugzeug. Um diesen Kabineninnenraum – den Raum, in dem später die Passagiere sitzen – auszustatten, bedarf es einer intensiven Detailplanung und Zusammenarbeit mit vielen unterschiedlichen Flugzeugausstattern und Lieferanten.

Zu Beginn einer solchen Produktentwicklung, deren Ergebnis den Bedürfnissen unserer Gäste an Bord ganzheitlich entsprechen soll, ist es unerlässlich, unsere Kunden als spätere Nutzer und wichtige Meinungsbildner in die Entwicklung mit einzubinden. Dies geschieht unter anderem durch Kundenbefragungen und Testflugreihen. Eine der großen Herausforderungen für eine Fluggesellschaft ist es, an Bord ein Optimum an Bequemlichkeit, Wohlbefinden und Komfort für alle Gäste zu erreichen, obwohl diese hinsichtlich ihrer Konstitution, ihres Gewichtes, ihrer Körpergröße, in ihrem persönlichen Geschmack und aufgrund ihres kulturellen Kontextes absolut verschieden sind.

Eine weitere Gratwanderung ist es, ein komplett neues Produkt, bzw. ein Design zu kreieren, in dem sich alle Gäste wohlfühlen. Vor dem Hintergrund, dass unsere Kabinenausstattung mehrere Jahre an Bord aktuell und modern sein soll, ist dies ein besonders schwieriger Aspekt. Und er setzt voraus, dass nur hochwertige und langlebige Materialien verarbeitet werden, mit denen nicht nur unsere Langstreckenflugzeuge, sondern die gesamte in Deutschland und Europa operierende Lufthansaflotte je nach Flugzeugtyp und Reiseklasse ausgestattet werden – inklusive der Flugzeuge unserer Regionalpartner. Weitere Einflussfaktoren sind die Designrichtlinien unseres Unternehmens, die sicherstellen sollen, dass die bekannte Marke Lufthansa durchgängig einheitlich und klar erkennbar ist.

Unser Bordprodukt umfasst aber nicht nur Flugzeugsitze, sondern unter anderem auch die Ablagefächer über den Sitzen, die Ausgestaltung der Toiletten, die Bildschirme, auf denen die zahlreichen Filme und Videos zu sehen sind, die Kopfhörer für die umfangreichen Musikkanäle, die äußerst vielfältige Magazin- und Zeitschriftenauswahl, die Ausgestaltung und die Einbauten unserer Flugzeugküchen, die Vielfalt an Kissen, Bettwäsche, Pyjamas und Komfortartikeln sowie die Speisen- und Getränkeauswahl. Darüber hinaus werden im Bereich Produktmanagement und Innovationen die Kriterien festgelegt, in welchem Umfang bei jedem Flug Speisen und Getränke an Bord genommen werden sollen. Dies geschieht in enger Zusammenarbeit mit der Lufthansa Catering-Tochter LSG Sky Chefs. Zusammenfassend kann man sagen: Das, was der Kunde an Bord als jeweiliges Produkt erlebt, wird vom Produktmanagement definiert und umgesetzt.

Besonders spannend ist die „Gastronomie" an Bord eines Flugzeugs, beginnend mit dem Einbau unserer Flugzeugküchen in einer ursprünglich rein technischen und gastronomieunfreundlichen Umgebung. Die Anforderungen an diese Bordküchen sind hoch: Sie müssen sicherstellen, dass unsere Speisen und Getränke gut verstaut und gekühlt werden können, damit sie auch nach einem stundenlangen Flug nicht nur den strengen Hygieneauflagen genügen, sondern vor allem frisch und appetitlich aussehen und hervorragend schmecken. Die Bordküchen, sogenannte Galleys, bieten abhängig von der jeweiligen Beförderungsklasse, neben Öfen zum Erwärmen der Speisen auch Kaffee- und Espressomaschinen, Eierpfannen sowie gekühlte Transporteinheiten –

in der Airlinesprache „Trolleys" genannt – und Servierwagen zum Anbieten der einzelnen Menübestandteile. Darüber hinaus sind dort Staumöglichkeiten für weiteres Material untergebracht, das an Bord benötigt wird.

Die Köche von LSG Sky Chefs wissen, dass sich die menschlichen Geschmacksnerven in der Wahrnehmung unter Flugbedingungen verändern. Diese Kenntnis beeinflusst die Zubereitung und das Würzen der Speisen in der Cateringküche. Der niedrigere Umgebungsdruck und die geringere Luftfeuchtigkeit in einer Höhe von beispielsweise 10.000 Metern verändert das Geschmacksempfinden, sodass anders gewürzt werden muss, als dies am Boden der Fall ist. Zurzeit erarbeitet Lufthansa zusammen mit dem Fraunhofer Institut in Holzkirchen eine Studie über diese spezielle Situation, um eine fundierte Grundlagenforschung und Analyse zu erhalten, die auf die spezifischen Belange unser Flüge angewandt werden kann.

Wir nehmen die Wünsche unserer Reisenden hinsichtlich der Vielfalt und Abwechslung sehr ernst. Besonders in unseren Premiumklassen bieten wir auf ausgewählten Flügen neue Trends und punktuelle Überraschungen im Bordservice an. Bei der Qualitätsüberwachung bezüglich der Auswahl und der Präsentation der Speisen helfen uns die Rückmeldungen und kontinuierlichen Auswertungen unserer Kundenbefragungen. Auch den speziellen Bedürfnissen unserer Gäste, die in verschiedenen Zeitzonen reisen, wird Rechnung getragen: In den Premiumklassen servieren wir auf ausgewählten Flügen unter anderem ein „Breakfast in Bed", für Langschläfer ein „Breakfast to Go" oder spezielle Serviceangebote für Nachtflüge, die dem Passagier längere Ruhephasen an Bord ermöglichen, wie beispielsweise das „Dreamer's Delight". Darüber hinaus überraschen wir unsere Gäste auf ausgewählten Flügen – zusätzlich zum regulären Angebot – mit besonderen Highlights, die für noch mehr Abwechslung und neue Erlebnisse sorgen.

Die unterschiedlichen Nationalitäten und deren kulturelle Einflüsse haben zur Folge, dass die Geschmacksvorlieben und die kulinarischen Präferenzen unserer Gäste sehr verschieden sind. Eine erweiterte Flugzeugbeladung mit einem vielfältigen internationalen Speisenangebot garantiert, dass unsere Reisenden nicht auf ihre traditionellen und gewohnten Gerichte verzichten müssen. Wir möchten, dass sich unsere internationalen Gäste an Bord wie zu Hause fühlen. Betreut werden sie von Flugbegleitern vieler Nationalitäten und in vielen Landessprachen – und das in allen Beförderungsklassen.

Seit vielen Jahren ist die rote Rose in unserer First Class ein Symbol für hohe Exklusivität und kulinarische Kompetenz. Unsere First Class-Kunden erwartet neben einem ganz besonderen Flair auch eine umfangreiche Flexibilität: Sie können jederzeit selbst bestimmen, zu welchem Zeitpunkt sie speisen, ruhen, arbeiten oder sich bei einem Film entspannen möchten. Kulinarisch kommen wir ihren Wünschen mit vielfach prämierten Champagnern und edlen Weinen entgegen, wir bieten ihnen als exklusive Vorspeise Kaviar an und servieren herausragende Menüs international bekannter Spitzenköche.

Seit rund zehn Jahren konnten wir unter der Marke „Star Chefs" die bekanntesten Spitzenköche dieser Welt mit hohem nationalem und internationalem Renommee für uns gewinnen. Durch diese Zusammenarbeit ist Lufthansa als einzige Airline in der glücklichen Lage, auf Lufthansa Langstreckenflügen aus Deutschland heraus wohlschmeckende Vielfalt zu bieten, da alle zwei Monate die Star Chefs mit ihren kompletten Bordmenükreationen wechseln. Sowohl unsere First- als auch unsere Business Class-Gäste kommen in diesen Genuss. Jedes dieser Menüs trägt die persönliche kulinarische Handschrift seines Meisters, mit dem Resultat einer kontinuierlich großen Vielfalt an Speisen, Aromen und Ingredienzien. Im Laufe der Jahre arbeiteten viele hoch dekorierte Star Chefs aus diversen Ländern mit Lufthansa zusammen. Darüber hinaus fungieren die Menüs deutscher Spitzenköche mit Hilfe unseres umfangreichen Streckennetzes als kulinarischer Botschafter und bringen „Germaness" in viele Teile dieser Welt.

Aus unseren internationalen Destinationen heraus existieren Kooperationen mit Hotels der Luxusklasse. Diese Zusammenarbeit ermöglicht es Lufthansa, auf ausgewählten Langstreckenflügen mit dem Zielort Deutschland, Menüs aus der gastronomischen Feder lokal hoch angesehener Köche zu servieren. Die Küchenchefs kreieren regionale Speisen ihrer jeweiligen Heimatländer. Die Menüs entsprechen den besonderen Anforderungen dieser Regionen und den Bedürfnissen unserer internationalen Gäste.

Insgesamt haben wir durch die Vielfalt an Star Chefs, mit deren Schwerpunkten und Nationalitäten, immer wieder neue Impulse erhalten und aktuellste Trends in unser Bordserviceangebot aufnehmen können.

Sicher finden auch Sie in diesem Kochbuch aufgrund der Vielzahl an Rezepten und Aromen Ihr ganz persönliches Lieblingsrezept.

Viel Erfolg beim Kochen und guten Appetit!

Ihr

Lufthansa Produktmanagement & Innovationen

Service über
den Wolken

Geburtstag für das Star Chefs Programm

Seit zehn Jahren kommen die Sterne per Flugzeug in den Himmel

Wer im Jahr 1928 das Vergnügen hatte, im „Fliegenden Speisewagen" abzuheben, freute sich über „Garnierten Lachs mit Remouladentunke" – liebevoll zubereitet und serviert von einem zuvorkommenden Steward. Legt man heute in der First Class oder Business Class Langstrecken zurück, wird man perfekt umsorgt und mit so exklusiven Köstlichkeiten wie „Heilbutt mit Garnelensoufflé auf Couscous im Krustentierfond und Kaffir-Limonensauce" verwöhnt, einer Kreation von Joachim Wissler, Küchen-

chef im Restaurant „Vendôme" auf Schloss Bensberg. Dass die Fluggäste heute in den Genuss solch exklusiver Köstlichkeiten kommen, ist der Innovation von LSG Sky Chefs zu verdanken, denn der Airlinecaterer hat das, was man einst ganz lapidar als „Bordverpflegung" bezeichnete, auf beeindruckende Weise weiterentwickelt und perfektioniert.

„Futtern wie bei Muttern" – dieser Werbespruch wäre für einen Spitzenkoch unserer Tage schlicht undenkbar. „Kochen ist eine Kunst. Genießen aber

auch.", „A cuisine to suit every taste" oder „Un goût féminin" – so klingt es heute, wenn um die Aufmerksamkeit von Gourmets geworben wird. Und doch brachte der zitierte, etwas rustikal anmutende Anspruch sehr authentisch zum Ausdruck, welchen Service die Lufthansa im Jahr 1928 ihren Gästen in puncto Bordverpflegung versprochen hatte. Wer fliegt, wird gut umsorgt, wer gut umsorgt wird, fühlt sich „bemuttert". Und dieses Versprechen gilt bis heute – stetig weiterentwickelt und kontinuierlich verbessert. So führte die Lufthansa im Jahr 2000 das sogenannte Star Chefs Programm ein, in dem die besten Köche aus aller Welt, unter ihnen beispielsweise Thomas Keller, Jean-George Vongerichten, Nadia Santini, Anne-Sophie Pic, Harald Wohlfahrt oder Santi Santamaria, innerhalb eines bestimmten Zeitraumes für das leibliche Wohl der Business- und First Class-Fluggäste verantwortlich zeichnen.

Eigentlich möchte man das Star Chefs Programm gar nicht im Zusammenhang mit dem nüchternen Begriff „Verpflegung" nennen, auch wenn am Beginn seiner Entwicklung ganz pragmatische Gründe standen: Wer an Bord eine Mahlzeit zu sich genommen hat, wird nach der Landung nicht so schnell wieder hungrig, und die gefühlte Flugzeit lässt sich durch ein entsprechendes kulinarisches Angebot merklich verkürzen. Aber bereits mit den ersten Senator-Flügen ab 1958 zeigte sich, dass der Servicegedanke schon damals viel weiter reichte. Die ersten Kochstewards verwöhnten ihre Gäste nicht nur mit lukullischen Köstlichkeiten, wie zum Beispiel frischem Beluga-Kaviar, sie erfüllten auch gerne die Sonderwünsche einzelner Passagiere. Wie sonst hätte der frisch zubereitete Kartoffelpuffer zum Kultessen avancieren können – und das bei den Senatoren, die in kulinarischen Belangen sicherlich nicht ganz unerfahren waren. „Man sollte dem Leib etwas Gutes bieten, damit die Seele Lust hat, darin zu wohnen" – dieses Bonmot Winston Churchills schreibt sich LSG Sky Chefs gerade im Hinblick auf ihr Star Chefs Programm nur zu gerne auf die Fahnen. Adäquater kann man die Motivation und den Anspruch von LSG Sky Chefs kaum zusammenfassen: Es geht nicht darum, dem Fluggast ein Gefühl der Sättigung zu geben und ihm während des Fluges die Zeit zu vertreiben – nein, jeder First Class- und Business Class-Passagier soll über den Wolken himmlische Genüsse erleben, wie er sie ansonsten nur aus Spitzenrestaurants kennt.

Dafür garantieren die Ideen internationaler Küchenartisten, die unter der Regie des verantwortlichen Menüdesigners von LSG Sky Chefs, Thomas Stets, flugtauglich gemacht werden. Er und sein Team stellen sich permanent der Herausforderung, weit über dem Meeresspiegel exklusive Kreationen anzubieten, die die Fluggäste begeistern.

Wenn man bedenkt, dass der weltweit führende Airlinecaterer Tag für Tag alleine in Frankfurt über 50.000 Passagiere verpflegt, wird klar, dass mit der Zubereitung und dem Servieren der Menüs immense logistische Herausforderungen verbunden sind. Wie aber schaffen es die Flugbegleiter, aus einer nur wenige Quadratmeter großen Bordküche Köstlichkeiten, die die deutliche Handschrift ihrer „Erfinder" tragen – wie der „Steinbutt mit Hummerkruste, leichter Safransauce und karamellisierten Frühlingszwiebeln", „Simmertaler Kalbshaxe lackiert mit Kürbisgemüse und Quarkgnocchi" oder eine „Torrone Crème auf dem Fußballfeld" – zu servieren? Ohne die Unterstützung, die Erfahrungen und das Know how von LSG Sky Chefs wäre das Ganze undenkbar. Aber trotz aller Professionalität: Der Weg von der Sterneküche bis zum Sitzplatz des Fluggastes ist weit.

Der Kreativität der Spitzenköche sind nur minimale Grenzen gesetzt. Alles ist prinzipiell möglich, solange die individuelle Handschrift des jeweiligen Kochs in jedem Gericht erkennbar

Dieses Team bringt die Sterne in den Himmel (v. l. n. r.): Pellegrino di Leo (Patissier), Thomas Stets (Manager Menüdesign) und Christian Selent (Executive Chef).

bleibt. Saisonal passend, landestypisch, sinnlich, farbenfroh – die Kreationen sprechen immer für sich und lassen keine kulinarischen Wünsche offen. Ob es nun Kaffir-Limonenblätter sind oder mariniertes chinesisches Senfgrün – solange die Produkte den hohen Anforderungen hinsichtlich der Verträglichkeit und Qualität genügen, steht auch den exotischsten Zutaten der Weg in den Himmel offen. In den Entwicklungsprozess der Menüs fließen kontinuierlich neuste Erkenntnisse über die Eigenschaften der Nahrungsmittel und deren schonendste Zubereitung mit ein. Darüber hinaus gibt es natürlich auch einige physikalische Parameter, die beachtet werden müssen, denn nicht nur die verwendeten Produkte, auch die Geschmacks-Sensorik unterliegt in 10.000 Metern Höhe anderen Voraussetzungen als in „geerdeten" Gourmettempeln.

Da die Menüs immer zwei Monate lang angeboten werden, ist es eine große Herausforderung, dass in diesem Zeitraum keine Schwankungen im Hinblick auf Quantität und Qualität auftreten. Das ist bei 14 Menü-Bestandteilen und ca. 18.000 Passagieren in der First Class und 13 Zutaten für über 280.000 Business Class-Fluggäste nicht nur eine logistische Meisterleistung.

Bei diesen hohen Anforderungen ist es nicht weiter verwunderlich, dass die internationalen Spitzenköche vor der Freigabe eines neuen Menüs einen intensiven Austausch mit den Experten von LSG Sky Chefs pflegen und viel Zeit mit ihnen verbringen. Bei diesen Treffen wird gekocht, probiert, variiert und entschieden. Wenn nach

Einzigartig im Bordservice: die Vorspeisen-Etagere.

erfolgreichem Probeessen am Boden Qualität, Menge und Präsentation der Gerichte stimmen, muss natürlich auch die Flugtauglichkeit getestet werden, denn darauf kommt es am Ende an. Überzeugen die exquisiten Gerichte die verwöhnten und kritischen Gaumen der Experten von LSG Sky Chefs, findet dieses Menü eins-zu-eins umgesetzt für zwei Monate den Weg in die Bordküchen.

Für die Star Chefs ist ihr Engagement eine wunderbare und reizvolle Gelegenheit, ihre Ideen vom Amuse-Gueule bis zum Dessert einer erlesenen Kundschaft vorzustellen. ★

Von der Idee bis in die Kabine

Die anspruchsvolle
Arbeit des Menüdesigners

Der Menüdesigner Thomas Stets (rechts) und Christian Selent (Executive Chef) (Mitte hinten) mit dem Drei-Sterne-Koch Georges Klein aus Baerental (links) und dem allerersten Star Chef Emile Jung (Mitte).

Die Herausforderung für die Mitarbeiter von LSG Sky Chefs ist groß: Sie müssen die Menüidee internationaler Spitzenköche so umsetzen, dass die First Class- und Business Class-Fluggäste in den Genuss exklusiver Gaumenfreuden kommen, bei denen sich die persönliche Handschrift und die Philosophie des Kochs wiederfinden. Ein Anspruch, dem die Top-Gastronomie ganz selbstverständlich jeden Tag gerecht wird – bei einer Kapazität, die, je nach Restaurant-Größe, meist deutlich unter 100 Gedecken pro Abend liegt. LSG Sky Chefs rechnet pro Tag mit knapp 5000 Gästen. Kein Wunder also, dass der Weg von der Idee bis in die Kabine ein ziemlich langer ist, denn die Vorgaben sind klar: Trotz dieser gewaltigen Mengen muss die Individualität des Kochs erkennbar sein. So vergehen nicht selten viele reise- und kochintensive Monate, insbesondere für Thomas Stets, dem Manager Menu & Culinary Design von LSG Sky Chefs, bevor ein Küchenchef schließlich zum Star Chef wird und seine Kreationen „in die Luft gehen" können.

Folgendes Prozedere hat sich dabei als ideal erwiesen: Hat ein Maître de Cuisine ganz grundsätzlich seine Bereitschaft erklärt, beginnt die gemeinsame Arbeit mit einem ersten Treffen zwischen Thomas Stets im Restaurant des jeweiligen Kandidaten. Bereits dieses erste Meeting hat Workshopcharakter und mit einem gemütlichen Arbeitsessen nicht viel gemeinsam. Denn eines ist klar: Das Kochen für fliegende Feinschmecker erfordert

Thomas Stets auf Reisen zu den besten Köchen
dieser Welt – hier mit Dieter L. Kaufmann (rechts) und
Thomas Martin (links) ...

... und bei Susur Lee in Toronto.

Perfektion und stellt höchste Anforderungen an die Mitarbeiter von LSG
Sky Chefs. Zunächst müssen Qualität,
Kombinierbarkeit und Verträglichkeit
sowohl der für den Koch typischen als
auch der saisonalen Zutaten und Produkte gewährleistet sein. Die Zubereitung und Verarbeitung muss so
schonend ablaufen, dass das Produkt
auf dem Teller des Gourmets absolut
authentischen Charakter hat. Dabei
wird sehr viel Wert darauf gelegt, dass
die Vielseitigkeit des Menüs garantiert
wird, was die Star Chefs beispielsweise durch visuelle Effekte wie die
Verwendung von Kräutern oder ver-
schiedenfarbige Zutaten erreichen.

Nach dieser „Regelkunde" folgt eine
Auflistung der einzelnen Menüfolgen,
Varianten und Mengen - ein First
Class-Menü besteht aus 14 verschiedenen Menübestandteilen, das der
Business Class aus 13. Die Entwicklung des Menüs erfolgt direkt auf rich-
tigem Fluggeschirr, denn das Auge
des Fluggastes isst später einmal mit.

In den folgenden fünf Wochen kreiert,
probiert und variiert der Star-Chef-
Aspirant seine Menüvorschläge. Deren
Zubereitungen werden bei einem Vor-
kochtermin von Experten von LSG Sky
Chefs genau beobachtet und protokolliert. Auf dieser Basis folgt in der Test-
küche von LSG Sky Chefs am Airport
Frankfurt das Nachkochen der neuen
kulinarischen Schöpfungen. Auch
diese Etappe dauert wieder etwa

einen Monat. In dieser Phase fließen
alle Erfahrungen des Airlinecaterers in
die Zubereitungsverfahren der Gerichte ein. Und da die Experten von
LSG Sky Chefs die Herausforderungen
an das leibliche Wohl über den Wolken
bestens kennen, kommt es natürlich
auch vor, dass Veränderungen vorge-
nommen werden.

Handouts in dieser Form
erstellen die Starköche
gemeinsam mit dem Team
von Menüdesigner Thomas
Stets bei einem gemein-
samen „Vorkochen".
Sie bilden die Grundlage für
die Menüs, die später an
Bord serviert werden.

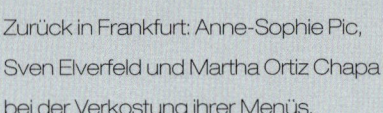
Zurück in Frankfurt: Anne-Sophie Pic,
Sven Elverfeld und Martha Ortiz Chapa
bei der Verkostung ihrer Menüs.

Spannend wird es dann, wenn der zukünftige Star Chef den Sky Chefs in Frankfurt einen Besuch abstattet. Neben der Präsentation „seines" Menüs kann der Spitzenkoch zu diesem Termin bereits einen ersten Entwurf der passenden Speisekarte in Augenschein nehmen, die nach den Ideen von LSG Sky Chefs gestaltet und in zwölf Sprachen übersetzt wurde. In dieser Entwicklungsphase werden die Mitarbeiter des Lufthansa Produktmanagements mit einbezogen, deren Urteil und Know how nun ebenfalls gefragt sind und deren Leiter, Herr Reinhold Huber, die Gerichte schließlich abnimmt.

Weitere fünf Wochen später trifft man sich erneut in dieser Konstellation. Die Abschlusspräsentation mit allen Änderungen und Anpassungen ist der letzte Schritt vor der Produktion. Bei diesem großen Finale wird der Spitzenkoch mit der Unterzeichnung seiner Kreationen auf den Menükarten endgültig zum Star Chef, und dann ist der große Augenblick gekommen, an dem die Gerichte in Serie gehen können.

Digitalisierungen, Stückauflistungen, Einkaufsanweisungen – die Zubereitung der immens hohen Stückzahlen bedeutet sowohl organisatorisch als auch logistisch eine große Herausforderung für LSG Sky Chefs. Kein Wunder also, dass zwischen der letzten Präsentation und dem ersten Genuss über den Wolken noch einmal mehr als zwei Monate vergehen. In diesem Zeitraum wird geplant, standardisiert und an den Abläufen gefeilt. Detailgetreue Fotos der Mahlzeiten in den einzelnen Zubereitungsstadien dokumentieren die genaue Anordnung der

David Bouley wird zum Star Chef.

Speisen auf dem Airline-Geschirr. Nur so ist es möglich, dass die Menüs die unterschiedlichen LSG-Produktionsstätten in absolut identischer Form, Größe und Qualität verlassen.

Jetzt endlich ist der Zeitpunkt gekommen, an dem sich die Fluggäste an den Spitzenmenüs erfreuen können – für gerade einmal zwei Monate, denn dann liegt vor den fliegenden Gourmets wieder eine neue Speisekarte eines internationalen Spitzenkochs. Während die Fluggäste noch die aktuellen Kreationen genießen, feilt LSG Sky Chefs schon daran, die Köstlichkeiten des nächsten Star Chefs für die Serienproduktion zu verfeinern. Und Thomas Stets ist längst wieder unterwegs in den besten Küchen der ganzen Welt, um die ganz Großen der Kochkunst für seine Ideen zu gewinnen und sie von seinen Visionen zu überzeugen. Aber nicht nur die erwachsenen Gourmets möchten an Bord verwöhnt werden. Für die kleinen Gäste stehen Child Meals auf dem Programm, die der Menüdesigner mit so bekannten Köchen wie Ralf Zacherl, Johann Lafer oder Sarah Wiener kreiert. ★

Technik und Geschichte

Die Geschichte des deutschen Airlinecaterings von ihren Anfängen bis heute

Die Technik erobert die Lüfte
1891 bis 1928

Ein Kapitel über die Anfänge des Airlinecaterings mit Otto Lilienthal (1848–1896) beginnen zu lassen, scheint zunächst etwas gewagt. Schließlich war es für den Flugpionier bereits ein Triumph, als es ihm gelang, mit seinen „Flugapparaten" ein paar Meter ohne Bodenberührung zu überbrücken. Trotzdem gilt Lilienthal als erster erfolgreicher Flieger der Welt, denn er erfand und entwickelte den „Derwitzer Apparat", der als erstes Mann tragendes Flugzeug in die Geschichte der Luftfahrt eingehen sollte. Und damit erfüllte sich ein langer Menschheitstraum, der bis auf Daidalos, Ikarus und Leonardo da Vinci zurückgeht. Aber wenn ein Fluggerät eine Person transportieren kann, dann ist es

theoretisch auch in der Lage, deren Verpflegung mitzuführen – was bei Flugweiten von maximal 25 Metern allerdings noch nicht zwingend erforderlich ist. Wenige Jahre später hätte Louis Blériot bei seiner spektakulären Erstüberquerung des Ärmelkanals vielleicht sogar die Zeit gehabt, sich zu stärken. Ob die 37 wackeligen Minuten zwischen Frankreich und England dazu der richtige Zeitpunkt waren, sei allerdings dahingestellt. Außerdem erwartete ihn auf der englischen Seite in Dover ein fürstlicher Empfang, bei dem sicherlich auch an das leibliche Wohl gedacht wurde.

Und auch wenn sie selbst noch Meilensteine davon entfernt waren, so sind kulinarische Hochgenüsse, Weinproben oder Senator-Rosen ohne die Ideen und Konzepte der Pioniere der Luftfahrt undenkbar. Erst die Reali-

sierung des Traums vom Fliegen ebnete den Weg für die Träume von himmlischen Genüssen.

Wenn man sich die Entwicklung der Bordverpflegung anschaut um herauszufinden, wann zum ersten mal über den Wolken „aufgetischt" wurde, dann sind zunächst nicht alle Epochen der zivilen Luftfahrt relevant. Entscheidend ist, dass man zu Beginn des 20. Jahrhunderts bereits auf ganz unterschiedliche Weise abheben konnte: per Ballon oder Luftschiff, im Flugzeug und etwas später auch an Bord von Helikoptern. Dabei kommt den ruhig dahin gleitenden Luftschiffen in Sachen Service und Verpflegung an Bord eine Pionierrolle zu. Schon früh wurden sie auch zivil genutzt. Starrluftschiffe verfügten über eigene Schlafräume und Speisesäle, die teilweise sogar mit Konzertflügeln ausgestattet waren. Ihre Dekors standen denen der Luxushotels in nichts nach. Diese Annehmlichkeiten machten Luftfahrten in der damaligen Zeit zu einem fliegenden gesellschaftlichen Ereignis. Mit dem Ausbruch des Zweiten Weltkriegs endete die Ära der Starrluftschifffahrt.

Zwischen 1914 und 1918 erlebten die Flugzeuge eine konsequente technische Weiterentwicklung. Das Ende des Ersten Weltkriegs markierte den Zeitpunkt, an dem die zivile Luftfahrt an Bedeutung gewann. Dafür gab es mehrere Gründe. Einerseits waren die technischen Möglichkeiten des Fliegens weit fortgeschritten, andererseits spielte auch eine Rolle, dass die Kriegsflugzeuge nach Ende der kriegerischen Auseinandersetzungen als Kampfmittel wertlos geworden waren. Deshalb waren die ersten „Zivilmaschinen" der 1917 gegründeten DLR (Deutsche Luftreederei GmbH), die ab 1919 den Flugbetrieb mit Posttransporten eröffnete, in den Jahren nach dem Krieg offene Bomber und Jagdflugzeuge, die nur notdürftig umgebaut und hergerichtet worden waren. Sie flogen ausschließlich tagsüber bei guter Sicht und wegen der besseren Orientierung in geringen Höhen meist entlang von Bahnlinien. Aber dennoch – die zivile Luftfahrt war geboren.

Es ist allerdings sehr unwahrscheinlich, dass auch nur ein Privatpassagier in den Kindertagen der Fliegerei im Entferntesten an eine Verpflegung an Bord gedacht hat. Die Schilderungen eines der ersten Fluggäste im Winter 1919 geben zumindest keinerlei Hinweise darauf. So ist den Berichten eines Ullstein-Journalisten, der an einem Postflug von Johannisthal bei Berlin über Leipzig nach Weimar teilnehmen durfte, zu entnehmen, dass die Reise alles andere als ein Vergnügen gewesen sein muss. Fest verschnallt, kälte- und windgeschützt durch Mäntel, Masken, Kappen und Brillen, war während des Fluges an eine Nahrungsaufnahme sicherlich nicht zu denken.

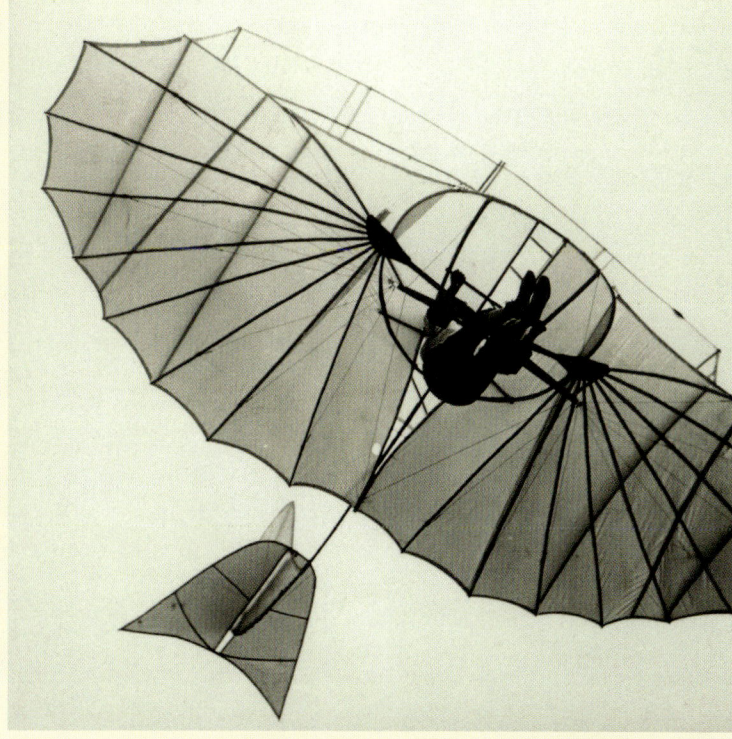

Otto Lilienthal im Flug mit Großem Doppeldecker am Fliegeberg, 1895.

Aber diese Unannehmlichkeiten sollten schon bald der Vergangenheit angehören. Der Komfort wuchs mit der Technik, und das erste Ganzmetall-Verkehrsflugzeug der Welt ließ nicht lange auf sich warten. Die Junkers F 13 (zugelassen 1919) hatte eine geschlossene Kabine mit vier Ledersitzen und Sitzgurten. Außerdem konnte sie erstmalig auch geheizt und belüftet werden. Zu diesem Zeitpunkt kann man davon ausgehen, dass Passagiere während der Flüge selbst mitgebrachte Speisen und Getränke verzehrt haben. Aufgrund der geringen Flughöhe waren diese Reisen allerdings noch sehr turbulent und unangenehm – und die Nahrungsaufnahme sicherlich nicht immer ein Genuss.

Nach Ende der politischen Wirren wurde in den 1920er Jahren sowohl die internationale als auch die deutsche zivile Luftfahrt weiter ausgebaut. Das Augenmerk der Flugbetreiber richtete sich weiterhin auf die Verbesserung der Annehmlichkeiten ihrer Passagiere. So wird berichtet, dass 1925 in Deutschland zum ersten Mal ein Stummfilm während eines Passagierfluges gezeigt wurde.

Zeitungspakete werden auf der ersten europäischen Zeitungs-Flugpost, die die Strecke Berlin-Weimar fliegt, verladen (1919).

Die Junkers F 13 und ihre Piloten.

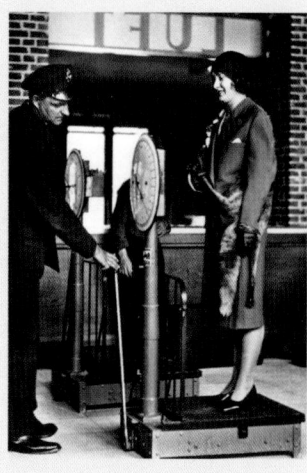

Wegen der geringen Nutzlast der frühen Verkehrsflugzeuge musste alles, was mit Luft Hansa fliegen wollte, auf die Waage (um 1926).

Mit einem Fokker-Grulich Hochdecker eröffnete die Luft Hansa am 6. April 1926 ihren Linienflugverkehr.

Service an Bord einer Junkers G-31 der Luft Hansa aus dem Jahr 1929.

Der Service hebt ab

„Garnierter Lachs mit Remouladentunke" war eines der ersten Gerichte, das im „Fliegenden Speisewagen" der Junkers G 31 ab dem 29. April 1928 serviert wurde. Ja, es wurde serviert – zunächst zwar nur sonntags, aber der Anfang war gemacht. Mit diesem Aprildatum waren für die Flugreisenden zwei beispiellose Neuerungen verbunden: Zum einen gab es erstmals Verpflegung über den Wolken und zum anderen wurden die Passagiere während des Fluges nicht mehr „alleine gelassen". Als „Kellner, der zugleich das Amt des Kochs versieht" – so bezeichnete man den Steward, der den Flug begleitete und die Gäste versorgte. Das Fliegen wurde angenehmer und war – auch wegen der wachsenden Konkurrenz – deutlich mehr am Servicegedanken orientiert.

Bereits unmittelbar nach der Abfertigung im Flughafen, noch bevor die Passagiere das Flugzeug überhaupt betraten, war man bereits um das Wohlergehen der Gäste bemüht. In Kiosken unter freiem Himmel wurden Kaffee und andere Kleinigkeiten angeboten.

Danach ging es auf die Waage, denn aufgrund der relativ geringen Motorleistung in diesen Tagen spielte das Fluggewicht eine enorme Rolle. Den Passagieren wurde deshalb sogar angeraten, ihr Gepäck per Zug zum Zielort vorauszuschicken. Aber man musste hier Güterabwägung betreiben, denn die fliegenden Speisewagen mit ihren Küchen und den mitgeführten Mengen an Verpflegung hatten ein nicht unerhebliches Gewicht.

In Amerika bekam im Jahr 1930 mit der Krankenschwester Ellen Church erstmalig eine Frau den Auftrag, als „Stewardess" mitzufliegen – begleitet übrigens von starken Protesten der männlichen Konkurrenz und der Frauen der Piloten.

Krieg und Frieden
1933 bis 1945

Im selben Maße, wie sich das Streckennetz der Lufthansa europaweit und international ausdehnte, wuchs in den folgenden Jahren auch die Servicequalität. Schon im Vorfeld des Zweiten Weltkriegs stagnierten die Ent-

Bis Januar 1926 gab es in Deutschland drei konkurrierende, aber auch verschuldete Luftfahrtunternehmen (Aero Hansa, Deutsche Aero Lloyd AG, Junkers Luftverkehr AG), die auf Druck des Reichsverkehrsministeriums zu einem einzigen verschmolzen wurden. Die Deutsche Luft Hansa (ab 1933 Lufthansa) war geboren. Ihre Maschinen legten im ersten Jahr bereits weit über sechs Millionen Flugkilometer zurück und das Streckennetz wurde konsequent ausgebaut. Man bezeichnet diesen Zeitraum auch als die „goldenen Jahre der Passagierluftfahrt". Und im Jahr 1928 war die Sensation dann perfekt.

Ellen Church war die erste
Stewardess der Welt.

Ein Werbeplakat der Deutschen
Lufthansa um 1935.

wicklungen des Airlinecaterings. Die Neuerungen waren marginal, erwähnenswert bleibt in diesem zeitlichen Kontext nur der Einsatz weiblicher Flugbegleiter bei der Lufthansa ab Juni 1938. Mit dem Beginn des Zweiten Weltkriegs wurde der zivile Flugdienst der Lufthansa zunächst vollständig eingestellt. Bis zur Kapitulation konnte der Flugbetrieb nur in geringem Umfang wieder aufgenommen bzw. aufrechterhalten werden. Während dieser Zeit beschränkte sich die Lufthansa in der Wahl ihrer Ziele auf befreundete Staaten.

Wie oft in Kriegszeiten, wurde auch während des Zweiten Weltkriegs die Wehrtechnik stetig weiterentwickelt. Im Flugzeugbau fanden diese Entwicklungsergebnisse ihren Niederschlag in der zunehmenden Verwendung von Stahltriebwerken. Später sollten sie auch in der zivilen Luftfahrt für höhere Geschwindigkeiten und damit kürzere und angenehmere Flugzeiten sorgen. Das Ende des Zweiten Weltkriegs mit der Kapitulation Deutschlands bedeutete dann allerdings zunächst das Aus für den deutschen Flugverkehr.

Der Neuanfang
1945 bis 1955

Das von den Siegermächten verhängte Verbot von Besitz, Herstellung und Betrieb von Flugzeugen im Nachkriegsdeutschland galt bis 1955. Nach der Liquidation der Lufthansa 1951 wurde zwei Jahre später unter diversen Auflagen zunächst eine Vorbereitungsgesellschaft für den geplanten Luftverkehr, die

Luftag (Aktiengesellschaft für Luftverkehrsbedarf), gegründet. Nach einem Beschluss der Hauptversammlung bekam sie im Jahr 1954 den Namen „Deutsche Lufthansa Aktiengesellschaft". Weniger als ein Jahr später hoben die ersten Flugzeuge der Lufthansa im innerdeutschen Flugverkehr mit Sondergenehmigungen wieder ab. Und auch der Service an Bord bekam dadurch erneut Aufwind, was nicht folgenlos bleiben sollte.

Lockheed L-1049G

Die erste von insgesamt acht Lockheed L-1049G Super Constellation traf am 15. April 1955 in Hamburg ein und bereits am 1. Mai desselben Jahres waren drei dieser Flugzeuge, zunächst zu Schulungszwecken, im Einsatz. Der Transatlantik-Liniendienst begann am 8. Juni 1955 und führte dreimal wöchentlich von Hamburg via Düsseldorf/Frankfurt und Shannon – nach New York. Damit setzte die Lufthansa als erste europäische Fluggesellschaft die L-1049G ein. Im Frühjahr 1956 folgte eine neue Direktverbindung zwischen Düsseldorf und Chicago, via Manchester. Im August 1956 erweiterte die legendäre Vorkriegsroute nach Südamerika den Flugplan. Diese Route führte von Hamburg über Frankfurt nach Rio, Sao Paulo und Buenos Aires mit Zwischenstopps in Paris und Dakar. Im September desselben Jahres wurde die Mittelstreckenroute in den Mittleren Osten nach Istanbul, Beirut, Bagdad und Teheran aufgenommen.

Lockheed L-1649A

Für den Transatlantikverkehr beschaffte die Lufthansa 1957 die schnellere Lockheed L-1649A Super Star, sodass mit Wirkung des Frühjahr-Sommerflugplans 1958 dieser Flugzeugtyp alle New York-Verbindungen übernahm und erstmals ganzjährige Nonstopdienste in beiden Richtungen ermöglichte. Auch auf den Fernostrouten absolvierte die Super Star alle Passagierdienste.

Mit der Eröffnung des Winterflugplans 1958 nahm die Lufthansa den Luxusdienst „Senator" an Bord der Super Star nach New York auf. Großzügige Platzanordnung mit 20 De-Luxe-Schlafsitzen gewährleistete während des Fluges in 6000 m Höhe größte persönliche Bewegungsfreiheit. Gesellschaftsraum mit Bordrestaurant und Bordküche boten ein Höchstmaß an Geschmack und kulinarischen Genüssen. Ein eigens für den Dienst an Bord des „Senator" geschulter Kochsteward sorgte – gemeinsam mit drei Flugbegleitern – für einen vorbildlichen Service. Erlesene Menüs und Getränke à la carte standen den Gästen zur Verfügung. Mit solchen kulinarischen Genüssen entsprach dieses Fliegen dem Niveau eines exklusiven Clubs.

Technische Daten der Langstreckenpropellerflugzeuge:

Typ:	L-1049G Super Constellation	L-1649A Super Star	Leergewicht:	46.947 kg	53.070 kg
Hersteller:	Lockheed Aircraft Corporation, Burbank, Kalifornien, USA		Max. Abfluggewicht:	62.370 kg	72.575 kg
			Reisegeschwindigkeit:	450 km/h	510 km/h
Erstflug:	13.10.1950	10.10.1956	Höchstgeschwindigkeit:	595 km/h	592 km/h
Besatzung:	4 Cockpit + 5 Kabine		Landegeschwindigkeit:	159 km/h	163 km/h
Passagiere:	86	86	Startbahnlänge:	1910 m	1981 m
Spannweite:	37,50 m	45,68 m	Landebahnlänge:	1620 m	1829 m
Länge:	34,60 m	35,40 m	Steiggeschwindigkeit:	335 m/min	350 m/min
Höhe:	7,54 m	7,54 m	Reisflughöhe:	6100 m	6400 m
Flügelfläche:	153,3 m²	171.8 m²	Reichweite:	4450 km	5700 km
Kraftstoffkapazität:	29.400 Liter	37.250 Liter	Reiseflugverbrauch:	1730 l/h	830 l/h
Frachtvolumen:	19,63 m³	15,72 m³	Triebwerke:	4 x Curtiss-Wright mit je 3250 PS	4 x Curtiss-Wright Turbo mit je 3450 PS

1955

Ein Blick in die First Class-
Kabine einer Boeing 707
Mitte der 1970er Jahre.

Die Deutsche Lufthansa gründet ein Catering-Unternehmen
1966 bis 1988

Am 26. April 1966 beschloss der Lufthansa-Vorstand die „Ausgründung" der „Lufthansa Service GmbH" (LSG), die für die Herstellung, Lagerung und den Vertrieb von gebrauchsfertigen Mahlzeiten, von Lebens- und Genussmitteln und alle damit im Zusammenhang stehenden Geschäfte verantwortlich zeichnen sollte.

1967, im ersten vollen Betriebsjahr, waren bereits 1180 Mitarbeiter mit den Wünschen der Kundschaft über den Wolken betraut. Sie kümmerten sich vom Aschenbecher über das Geschirr und die Bestecke bis hin zur exklusiven Speisenfolge. Eine eindrucksvolle Erfolgsgeschichte nahm ihren Anfang. Bereits 1975 verfügte das Unternehmen über einen beachtlichen Kundenstamm von mehr als 140 Fluggesellschaften aus aller Welt, von Aeroflot bis Zambia Airlines. Zu den vier bestehenden Betrieben in Frankfurt, Köln, München und Hamburg kam mit Düsseldorf ein weiterer Standort hinzu. Mittlerweile waren 2260 Mitarbeiter für das

Unternehmen tätig. Der Airlinecaterer wurde schon kurz nach seiner Gründung zu einem der bedeutendsten gastronomischen Betriebe der Bundesrepublik.

Basis für den Erfolg einer großen Catering-Firma sind natürlich die speziell geschulten Mitarbeiter. Sie benötigen ein umfassendes Wissen über Lebensmittel, Zutaten und schonende Zubereitungsmethoden, aber auch über die physikalischen Besonderheiten an Bord von Flugzeugen, damit ihre Gerichte auch über den Wolken den hohen Anforderungen der verschiedenen internationalen Airlines genügen. Deshalb wurde von Beginn an Wert gelegt auf modernste Ausstattung. Egal ob Metzgerei, Bäckerei,

Konditorei oder Patisserie – jede dieser Abteilungen hätte es in Sachen Auslastung, technischer Einrichtung und Qualität mit den „zivilen" Pendants vor den Toren des Airline-Caterers aufnehmen können.

Das Airlinecatering umfasste auch Anfang der 1970er Jahre schon wesentlich mehr Aspekte als nur die Verpflegung, und deshalb umfasste das Angebot neben Speisen und Getränken auch frische Kopflehnenüberzüge, Magazine, Zeitungen oder Kinderspielzeug. In einer Pressemitteilung aus dem Jahr 1975 heißt es zu diesem Rundum-Service – sicherlich mit einem Augenzwinkern: *„Der LSG Beitrag zum Fluggastwohlbefinden macht jeden Jumbo fünf Tonnen schwerer."* Benannt nach dem König der Elefanten, hob diese vierstrahlige Boeing 747 1969 zum ersten Mal ab. Den Ruf als größtes Passagier-

Speisekarte aus den 1960er Jahren.

Boeing 707-430

Das Jet-Zeitalter begann bei der Lufthansa mit der Indienststellung der vier-strahligen Boeing 707-430, die ab März 1960 die Super Stars auf der Hamburg-Frankfurt-New York-Route ersetzte. Die Chicago-Dienste wurden im Mai des-selben Jahres auf das neue Flugzeugmuster umgestellt und Mitte Sommer 1960 kamen auf allen Nordatlantikrouten ausschließlich Boeing 707 zum Einsatz. Der Einsatz des neuen Strahlmusters halbierte die Flugzeit gegenüber der Super Star, bei gleichzeitig fast verdoppelter Passagierkapazität. Die Jets der Baureihe -400 waren mit Rolls-Royce Conway-Triebwerken ausgestattet, zu erkennen an den markanten Schalldämpfern.

Am 31. Oktober 1961 platzierte die Lufthansa ihre Order für zunächst vier Exem-plare der mit leistungsfähigeren Pratt&Whitney-Triebwerken ausgestatteten Boeing 707-330B, die ab 1963 zur Ablieferung gelangten. Speziell für die Fernost-dienste bestellte die Lufthansa 1965 das Fracht-Kombi-Modell 707-330C, welches über ein großes Frachttor im linken Vorderrumpf verfügte. Für mehr als ein Jahr-zehnt bildeten die Boeing 707 das Rückgrat der Lufthansa-Langstreckenflotte.

Technische Daten der Boeing 707-430:

Hersteller:	Boeing Airplane Company, Seattle, Washington State, USA
Erstflug:	1959
Anzahl Muster:	in mehreren Versionen, insgesamt 435 zivile Flugzeuge
Sitze:	148
Besatzung:	Cockpit 3 + 6 Kabine
Spannweite:	43,40 m
Länge:	46,60 m
Höhe:	12,90 m
Flügelfläche:	241 m²
Max. Startgewicht:	141.070 kg
Max. Landegewicht:	93.895 kg
Reisegeschwindigkeit:	900 km/h
Reiseflughöhe:	10.058 m
Startbahnlänge:	3260 m
Landebahnlänge:	2040 m
Landegeschwindigkeit:	226 km/h
Reichweite:	6260 km/18,4 t
Steiggeschwindigkeit:	610 m/min
Triebwerke:	4 x Rolls-Royce Conway mit je 7940 kp Schubleistung
Kraftstoffkapazität:	90.150 l
Reiseflugverbrauch:	8000 l/h

1960

flugzeug der Welt machte ihr erst der A380 streitig. Die Boing 747 ist eine fliegende Le-gende, die mittlerweile eine Reichweite von 14.000 Kilometern hat.

Bei den wachsenden Auftragsmengen stand eine „Tugend" ständig im Arbeitsmittel-punkt: Pünktlichkeit, beziehungsweise abso-lute Termintreue. Hier machte man sich von Anfang an keine Illusionen und kommuni-zierte ganz offen: *„Ob Stoßzeiten im Urlaubs-monat August, ob Verzögerungen durch Nebel oder was sonst: für Verzögerungen beim Cate-ring-Partner hat niemand Verständnis."* Des-halb erinnerten die Einsatzzentralen des Unternehmens schon bald nach der Grün-dung mit ihren Monitoren, Computern und einer eigenen Codierungssprache eher an ein

Raumfahrtkontrollzentrum als an einen Cate-ringbetrieb. Gab es Änderungen bei Flügen oder waren Maschinen zur Beladung bereit, wurden die Mitarbeiter via Lautsprecher oder über die Monitore informiert. Diese Ansagen klingen für den Laien sehr kryptisch: *„RG 745 DC 10 11.20 15.30 SN SN SN 14 93 16 – AW AK AW 5 85 16".* Übersetzt bedeutet das ungefähr Folgendes: *„Varig Airlines mit der Flugnummer 745 ist eine Maschine des Typs DC 10. Sie landet um 11:20 Uhr und startet wieder um 15:30 Uhr. Für die beiden Flug-klassen* (First Class und Economy Class) *so-wie die Crew gibt es auf dem ersten Strecken-abschnitt Snacks* (SN – Reihenfolge von links nach rechts). *In der First Class reisen 14 Pas-sagiere, in der Economy Class 93, und die Crew besteht aus 16 Personen. Auf dem zweiten*

Streckenabschnitt gibt es nach der Zwischen-landung für die First Class und die Crew ein warmes Abendessen (AW), und die Gäste der Economy Class bekommen ein kaltes Abend-essen."

Waren die Bestellungen der Kunden auf den jeweils eigenen Tellern und Tabletts mit den für die Airline spezifischen Utensilien wie Bestecke, Gläser, Tassen, Milch- und Zucker-tütchen, Servietten, Erfrischungstücher sowie Salz- und Pfefferstreuer versehen, ging es nach einer Schockgefrierung auf minus 40 Grad Celsius zur Bereitstellung. Allein am Flughafen Frankfurt bedeutete das schon in den frühen Jahren einen unglaublichen Be-darf an Lager- und gekühlten Bereitstellungs-räumen. Dort trafen zwei Stunden vor Abflug

Ganz im Stil der 1970er Jahre: Eine
Lounge im Oberdeck einer Boeing
747-130 der Lufthansa und eine
Speisekarte aus diesem Jahrzehnt.

die bestellten unverderblichen Waren wie Geschirr, Zeitschriften oder Zollgut in den Containern der jeweiligen Fluggesellschaft ein, gefolgt von den tiefgekühlten Menücontainern. Bis 20 Minuten vor Abflug konnten bei Speisen und Getränken noch Änderungen oder Sonderwünsche angemeldet und umgesetzt werden. Beim Verlassen des Lagerraums wurde die Kühlkette der Speisen und Getränke durch Trockeneis garantiert.

An Bord der Flugzeuge sorgten dann nicht etwa Mikrowellen für die genussfertige Aufbereitung, sondern die Triebwerke der Düsen. Sie speisten mit ihren hohen Temperaturen Umlauferhitzer, die die Gerichte schonend auf die richtige Temperatur brachten. Mikrowellen kamen deshalb nicht zum

Einsatz, weil sie nachweislich das Radar und die Navigationssysteme der Flugzeuge stören. In Kühlräumen mit einer Luftfeuchtigkeit von bis zu 98 Prozent warteten die kalten Menüs, Platten, Backwaren oder Desserts auf ihren Verzehr. So konnte ihre Frische ohne Austrocknen erhalten werden, und dem himmlischen Genuss über den Wolken stand nichts mehr im Wege.

Selbstverständlich setzte der Caterer auch in den Bereichen Qualität und Hygiene höchste Standards. Da es in Deutschland zunächst noch keine gesetzlich geregelte Höchstgrenze für die Gesamtkeimzahl in Catering-Gerichten gab, legte man einfach selbst eine fest, die die strengen US-Richtlinien erfüllte. Eigene Teams von Nahrungsmittel-Physiologen waren ständig mit mobilen Labors im Einsatz und überprüften alle Betriebe. Sie überwachten die Lebensmittel von der Anlieferung über deren Zubereitung und Veredelung bis hin zur Auslieferung. Noch in der Bereitstellungszone wurden den Gerichten Qualitätsproben entnommen und untersucht. Diese interne Kontroll-Einrichtung war die erste dieser Art in Deutschland.

Aber auch auf Hygiene wurde ganz besonders geachtet. Die Mitarbeiter in den Produktionszonen wurden nicht nur permanent dazu angehalten, sich die Hände zu desinfizieren oder mit Wegwerfhandschuhen zu arbeiten. Schon bei leichten Erkrankungen waren Mund- und Nasenschutz Pflicht. So warb man stolz mit „blitzblanken" Betrieben: *„Egal wo der Besucher sich aufhält, er bekommt seinen eigenen Kittel und kann sich selbst davon überzeugen, dass es überall ... vor Sauberkeit blitzt und blinkt."*

Aber nicht nur der Airlinecaterer veränderte sich, auch die Luftfahrt entwickelte sich weiter. Vor allem die rapide wachsenden Fluggeschwindigkeiten, die deutlich verkürzte Flugzeiten zur Folge hatten, stellten Catering und Kabinenpersonal vor große Herausforderungen. Mit der Einführung der Boeing 737 und der Boing 747 wurden die Flugzeiten auf vielen Strecken nahezu halbiert. Vor allem auf den Kurzstrecken waren die Zeiten in der Boing 737 zwischen „Seatbelt on" und „Seatbelt off" dann oft so knapp bemessen, dass die Ausdeckung und der Verzehr der Speisen sehr schnell gehen mussten. Erschwerend kam hinzu, dass die neuen Flugzeuge zwar den Passagieren, aber nicht un-

Boeing 747-230B

Das Großraum-Zeitalter der zivilen Luftfahrt begann mit der Einführung der Boeing 747. Als erste europäische Fluggesellschaft erhielt die Lufthansa im Frühjahr 1970 diesen Maschinentyp und stellte das Muster auf der Strecke Frankfurt-New York in Dienst. Sukzessive übernahmen die Jumbo Jets alle lukrativen Langstreckenflüge über den Nordatlantik. Einen wichtigen Bestandteil der 747-Flotte stellten die Combi-Flugzeuge der Variante -230B/Combi dar, von denen die Lufthansa mehrere Exemplare bestellte. Diese Maschinen wurden dann insbesondere auf der Route Frankfurt-Bombay-Singapore-Jakarta-Sydney eingesetzt.

Technische Daten Boeing 747-230B:

Hersteller: Boeing Airplane Company, Seattle, Washington State, USA

Erstflug: 1969

Besatzung: 3 Cockpit +12 Kabine

Passagiere: 21 Erste Klasse / 84 Business Klasse / 331 Economy Klasse (Bestuhlung nach Bedarf veränderbar)

Kabinenbreite: 6,13 m

Frachtvolumen: 229 m³

Spannweite: 59,64 m

Länge: 70,51 m

Höhe: 19,33 m

Max. Startgewicht: 362.900 kg

Max. Landegewicht: 265.300 kg

Reisegeschwindigkeit: 910 km/h

Landegeschwindigkeit: 269 km/h

Reichweite mit Nutzlast: 7410 km/66,5 t, 10.480 km/30 t

Steiggeschwindigkeit: 518 m/min

Triebwerke: 4 x Pratt&Whitney JT9D-7 mit je 20.640 kp Schubleistung

Kraftstoffkapazität: 197 000 l

Reiseflugverbrauch: 15.500 l/h

McDonnell Douglas DC-10-30

Für Strecken, die mit dem Jumbo Jet nicht wirtschaftlich betrieben werden konnten, forderte die Lufthansa von den Herstellern ein kleineres Großraumflugzeug. Schließlich führte dies zu einer Bestellung von insgesamt 14 McDonnell Douglas DC-10-30, welche bei der Lufthansa und ihrer Tochtergesellschaft Condor Flugdienst zum Einsatz gelangten. Mit der kleineren McDonnell Douglas DC-10-30, die erstmals im November 1973 zum Einsatz gelangte, brach die Lufthansa auch gleichzeitig mit der Tradition, ausschließlich bei Boeing gebaute Flugzeuge in ihre Flotte aufzunehmen. Die DC-10-Maschinen ersetzten die Boeing 707. Das neue Flugzeug bediente bei der Lufthansa vorwiegend die Südamerika- und Fernostrouten, während die Exemplare für Condor Flugdienst viele Fernurlaubsziele anflog. Insgesamt erwies sich die DC-10-30 während ihres 20-jährigen Einsatzlebens bei der Lufthansa als ein sehr zuverlässiges, leistungsfähiges und wirtschaftliches Flugzeugmuster.

Technische Daten der McDonnell Douglas DC-10-30:

Hersteller: Douglas Commercial Airplane Company, Long Beach, Kalifornien, USA; Heute: Boeing Airplane Company

Besatzung: 3 Cockpit + 10 Kabine

Passagiere: 24 Erste Klasse / 76 Business Klasse / 137 Economy Klasse (je nach Bestuhlung bis zu 265 Sitzen)

Frachtvolumen: 108 m³ unter Passagierdeck

Kabinenbreite: 5,79 m

Spannweite: 50,40 m

Länge: 55,35 m

Höhe: 17,55 m

Max. Startgewicht: 251.750 kg

Max. Landegewicht: 182.800 kg

Reisegeschwindigkeit: 885 km/h

Landegeschwindigkeit: 259 km/h

Startbahnlänge: 3170 m

Landebahnlänge: 1800 m

Steiggeschwindigkeit: 823 m/min

Reichweite mit Nutzlast: 7470 km/42 t

Triebwerke: 3 x General Electric CF6-50C2 mit je 23 812 kp Schubleistung

Kraftstoffkapazität: 138.750 l

Reiseflugverbrauch: 11.400 l/h

1970

Der Service an Bord einer Lufthansa
Boeing 747-400 in der First Class-Kabine
Ende der 1980er Jahre.

bedingt dem Personal und der Bordküche mehr Platz boten. Auch diese Herausforderungen wurden durch eine Anpassung des Angebots erfolgreich gemeistert.

Der größte Airlinecaterer der Welt
1989 bis heute

„The sky is the limit" – das könnte man bei einem derzeitigen Marktanteil von über 30 Prozent am weltweiten Airlinecatering annehmen. Und dabei ist dieser Bereich nur ein einziger Baustein der so genannten „Inflight-Service-Aktivitäten" der heutigen LSG Sky Chefs. „Inflight-Management", „Inflight-Equipment" und „Beschaffungsmanagement" – unter diesen Namen firmieren einige der zahlreichen Segmente des mittlerweile über 40 Jahre alten, weltweit tätigen Unternehmens.

Der Grundstein für diese weltweite Expansion wurde bereits Ende der 1980er Jahre gelegt. Damals versuchte man auch auf anderen internationalen Märkten Fuß zu fassen. „LSG Lufthansa Service Asia Ltd." mit Sitz in Hongkong oder die amerikanische

„LSG Lufthansa Service USA Corp." waren nur zwei Ergebnisse dieser Ausweitung. Für besonderes Aufsehen sorgte auch die Unterzeichnung des umfangreichsten Cateringvertrages in der Geschichte der Luftfahrt. American Airlines band sich zunächst für zehn Jahre an die LSG Lufthansa Service GmbH. Kontrakte mit solchen Laufzeiten waren und sind damals wie heute äußerst selten. Aber auch im europäischen Raum blieb man aktiv. So sorgten beispielsweise die Beteiligung an dem italienischen Caterer „de Montis" und ein Joint Venture mit dem österreichischen Airline-Service- und Logistikkonzern „Airrest" bis 1992 für ein deutlich gestiegenes Auftragsvolumen.

Sukzessive kam man der Marktführerschaft immer näher: Die LSG Lufthansa Service GmbH kaufte Stück für Stück Anteile an dem 1942 gegründeten Tochterunternehmen der American Airlines, den „Sky Chefs". War es 1993 noch eine Minderheitsbeteiligung, kamen zu diesem Zeitpunkt immerhin 33 Betriebe auf dem amerikanischen Kontinent hinzu. Der neue Markenname „LSG Sky Chefs" steht nun für das größte Airlinecatering-Unternehmen der Welt. Gemeinsam expandierte man weiter, und die Lufthansa

Service GmbH erhöhte ihre Anteile an den Sky Chefs 1999 zunächst auf 48 Prozent, um die restlichen Anteile im Jahr 2001 zu erwerben.

Heute produzieren die LSG Sky Chefs 418 Millionen Mahlzeiten für mehr als 300 Fluggesellschaften – eine schier unvorstellbare logistische Leistung. Dafür sind etwa 30.000 Mitarbeiter in über 200 Betrieben und 50 Ländern tätig. Diese Zahlen sind nicht nur Schwindel erregend, sie belegen auch eindrucksvoll den Erfolg des Unternehmens.

Airbus A310-304

Die Luftfahrtbranche war in den 1980er Jahren geprägt von der Airbus-Erfolgsgeschichte, da neben anderen Fluggesellschaften vor allem die Lufthansa auf Airbus setzte und bei nahezu allen Modellen eigene Entwicklungskriterien einbringen und verwirklichen konnte. Zusammen mit der Swissair war die Lufthansa Erstbesteller für den A310-304, der zwar ebenfalls zur Kategorie Großraumflugzeuge zählte, jedoch von seiner Größe und Kapazität kleiner ausgelegt war als der A300, dem ersten Modell des neuen europäischen Konsortiums und zugleich dem weltweit ersten zweistrahligen Großraumflugzeug mit Platz für bis zu 300 Passagieren. Das neue Flugzeugmuster erfüllte in vollem Maße alle von den Fluggesellschaften gehegten Erwartungen. Ein Jahrzehnt lang leistete die A310-Flotte der Lufthansa wertvolle Dienste bis sie Ende der 1990er Jahre durch neuere Airbus-Muster ersetzt wurde. Bevorzugte Einsatzgebiete des A310 waren Mittelost, sowie Ost- und Westafrika.

Technische Daten Airbus A310-304

Hersteller:	Airbus Industries, Toulouse, Frankreich
Erstflug:	1982
Besatzung:	2 Cockpit+6 Kabine
Passagiere:	83 Business Klasse / 139 Economy Klasse
Kabinenbreite:	5,40 m
Frachtvolumen:	69 m³
Spannweite:	43,90 m
Länge:	46,67 m
Höhe:	15,80 m
Max. Startgewicht:	130.000 kg
Max. Landegewicht:	123.000 kg
Reisegeschwindigkeit:	860 km/h
Landegeschwindigkeit:	260 km/h
Startbahnlänge:	2100 m
Landebahnlänge:	2000 m
Reichweite mit Nutzlast:	6500 km/22 t
Steiggeschwindigkeit:	900 m/min
Kraftstoffkapazität:	61.100 l
Reiseflugverbrauch:	4900 l/h
Triebwerke:	2 x General Electric CF6-80C2A23 mit je 22.678 kp Schubleistung

1980

Airbus A340-313

Im Jahr 1988 war die Lufthansa – gemeinsam mit Air France – erster Kunde für den
vierstrahligen Langstrecken-Airbus A340,
dessen Grundvariante bei der Lufthansa
aber nur eine relativ kurze Einsatzperiode
erlebte. Ihren ersten A340-311 erhielt die
Lufthansa 1993. Die Variante A340-313 für
extreme Langstrecken folgte einige Jahre
später. Von dieser Version waren bis zum
Jahresende 2001 zwanzig Maschinen mit dem Logo der Lufthansa unterwegs.
Bis zum Jahr 2004 kamen noch einige Flugzeuge hinzu, die neue Strecken im
Rahmen des Star Alliance-Verbundes bedienen.

Technische Daten Airbus A340-313:

Hersteller:	Airbus Industries, Toulouse, Frankreich
Besatzung:	2 Cockpit + 11 Kabine
Passagiere:	8 Erste Klasse/42 Business Klasse/ 234 Economy Klasse (bei Bedarf abweichend)
Kabinenbreite:	5,40 m
Frachtvolumen:	134 m³
Spannweite:	60,30 m
Länge:	63,66 m
Höhe:	16,91 m
Max. Startgewicht:	257.000 kg
Max. Landegewicht:	186.000 kg
Max. Nutzmasse:	43.500 kg
Reisegeschwindigkeit:	870 km/h
Landegeschwindigkeit:	265 km/h
Reichweite mit Nutzlast:	10.600 km/36 t; 9100km/42t
Steiggeschwindigkeit:	900 m/min
Triebwerke:	4 x CFM International mit je 15.700 kp Schubleistung
Kraftstoffkapazität:	138.650 l
Reiseflugverbrauch:	7900 l/h

1990

33

Airbus A340-642 und A330-343

Die Programme A340 und A330 wurden im Juni 1987 offiziell gestartet; für die Passagierluftfahrt war es die erste Parallelentwicklung von zwei unterschiedlichen Modellen (vier bzw. zwei Triebwerke), aber mit sehr engen verwandtschaftlichen Beziehungen. Durch dieses groß angelegte Doppelprogramm gelang es dem europäischen Luftfahrtkonzern, sich nun weltweit zu etablieren. Selbst beim größten Konkurrenten Boeing in den USA wurde noch nie ein derartiges Doppelprogramm mit solcher Kommonalität in Angriff genommen.

Programmstart für den A340-642 war im Dezember 1997; bereits mit dem Beginn der Entwicklung lagen über 100 Festbestellungen von sieben Fluggesellschaften vor. An der Entwicklung dieses längsten Verkehrsflugzeuges der Welt war die Lufthansa wiederum als Erstkunde beteiligt. Sie bestellte 17 Flugzeuge der Version -642, deren Auslieferungen 2007 abgeschlossen werden konnte. Mit 380 Passagieren unterwegs, besitzt das Flugzeug eine Reichweite von über 13.000 km und ist somit dem klassischen Jumbo Jet von Boeing überlegen.

Als größtes zweistrahliges Großraumflugzeug der Welt startete die Version A330-343 im November 1992 in Toulouse zu ihrem Erstflug.

Beide Typen sind für extreme Langstrecken ausgelegt und werden bei der Lufthansa zu vielen außereuropäischen Zielen eingesetzt. Bis zum Jahr 2009 hatten sich beide Muster bei dem deutschen „Flagcarrier" bestens bewährt.

Technische Daten	Airbus A340-642	Airbus A330-343
Hersteller:	Airbus Industries, Toulouse, Frankreich	
Besatzung:	2 Cockpit + 10 Kabine	
Passagiere:	380 (Bestuhlung wird je nach Bedarf angepasst)	
Spannweite incl. Winglets:	63,45 m	60,30 m
Länge:	75,30 m	63,70 m
Höhe:	17,30 m	16,80 m
Rumpfbreite:	5,64 m	X,XX m
Kabinenbreite:	5,28 m	5,28 m
Rumpfdurchmesser:	5,64 m	5,64 m
Frachtvolumen:	19,7 m³	19,7 m³
	(36 LD-3 Container	
	oder 12 Paletten)	
Leergewicht:	177.000 kg	118.000 kg
Max. Startgewicht:	368.000 kg	230.000 kg
Max. Landegewicht:	254.000 kg	180.000 kg
Reisegeschwindigkeit:	930 km/h	880 km/h
Höchstgeschwindigkeit:	975 km/h	975 km/h
Landegeschwindigkeit:	260 km/h	260 km/h
Startgeschwindigkeit:	310 km/h	310 km/h
Reichweite:	13.900 km	8800 km
Steiggeschwindigkeit:	800 m/min	750 m/min
Startstrecke:	3185 m	3185 m
Triebwerke:	4 x Rolls-Royce	2 x Rolls-Royce
	Trent 556 mit je	Trent 772B-60 mit je
	25.380 kp Standschub	30.380 kp Standschub
Kraftstoffkapazität:	206.600 l	206.600 l
Reiseflugverbrauch:	11.000 l/h	11.000 l/h

Lufthansa Business Class

Menu

2000

Airbus A380

Er galt schon vor seinem Jungfernflug im April 2005 als Krönung der Ingenieurskunst: der Airbus A380. Das größte je gebaute zivile Verkehrsflugzeug mit Platz für bis zu 853 Passagiere wird auch in Lufthansa-Farben in den Himmel steigen. Die Erste der insgesamt 15 bestellten Maschinen wird die Flotte des Kranichs ab März 2010 verstärken und auf stark frequentierten Nordatlantik- und Fernoststrecken eingesetzt werden. Der Bau eines eigenen Wartungszentrums für den Flugzeugriesen am Drehkreuz Frankfurt ist bereits abgeschlossen und auch die Flughäfen Frankfurt sowie München sind mit speziellen Terminals auf die Ankunft des Giganten der Lüfte vorbereitet. Der Super-Airbus zum Listenstückpreis von gut 330 Millionen Dollar setzt mit dem angebotenen Komfort und den Serviceleistungen für die Fluggäste ganz neue Maßstäbe und markiert den Beginn einer neuen Ära des Passagierflugs.

Technische Daten Airbus A380-800:

Hersteller:	Airbus Industries, Toulouse, Frankreich
Besatzung:	2 Cockpit + 10 Kabine
Passagiere:	555 (drei Klassen)
Spannweite:	79,6 m
Länge:	73,0 m
Höhe:	24,1 m
Flügelfläche:	845 qm
Kabinenbreite:	5,60 m
Kabinenlänge:	50,68 m
Leermasse:	350.000 kg
Nutzlast:	192.000 kg
Max. Startgewicht:	560.000 kg
Max. Landegewicht:	370.000 kg
Reisegeschwindigkeit:	870 km/h (Mach 0,89/0,85)
Höchstgeschwindigkeit:	900 km/h
Landegeschwindigkeit:	250 km/h
Startgeschwindigkeit:	300 km/h
Reichweite:	15.000 km
Steiggeschwindigkeit:	800 m/min
Startstrecke:	3100 m
Triebwerke:	4 x Rolls-Royce Trent 900 mit je 35.000 kp Standschub
Kraftstoffkapazität:	310.000 l

2010

35

Kulinarische Höhenflüge

Die Kreationen der Meisterköche

Sie sind begnadete Künstler, perfekte Handwerker und beherrschen die Gabe der Improvisation – und allesamt sind sie der Bitte gefolgt und haben das Star Chefs Programm der Deutschen Lufthansa mit ihren Kreationen bereichert. Nun können die Gerichte von 70 Starköchen aus aller Welt, die eigens für den Genuss über den Wolken entwickelt wurden, auch in der heimischen Küche zubereitet werden. Aber auch, wenn sich das Personenregister wie das Who is Who der internationalen Spitzengastronomie liest, ist Schwellenangst völlig fehl am Platz. Man braucht weder eine Profiküche noch eine Kochlehre, um seinen Gästen ein unvergessliches Gaumenerlebnis servieren zu können. Der Spaß am Kochen, an der Zubereitung erstklassiger Zutaten steht im Vordergrund, und wenn dazu noch ein Quäntchen Mut zur Improvisation kommt, sind die Voraussetzungen ideal.

Beim Nachkochen stellt man sehr schnell fest, dass manche Rezepte nicht hundertprozentig mit den Fotos übereinstimmen, einzelne Elemente etwas variiert, andere ersetzt oder gänzlich weggelassen wurden. Die Gründe hierfür sind vielfältig und beeinträchtigen das kulinarische Vergnügen in keiner Weise. Diese marginalen Abweichungen hängen mit der Entstehungs-geschichte der Rezepte zusammen, denn ich habe von „meinen" Star Chefs keine detaillierten Rezepturen bekommen. Der jeweilige Koch bereitet das Gericht mit unserem Team zu, und bei diesem „Vorkochen" werden die einzelnen Arbeitsschritte protokolliert. Anhand dieses Handouts, das unter den kritischen Augen des Star Chefs entstanden ist und gänzlich ohne Mengen-angaben auskommt, werden die Gerichte nun von den LSG Sky Chefs Köchen ausgearbeitet. Sie müssen „bordküchentauglich" gemacht und den veränderten Voraussetzungen, der die Geschmackssensorik während des Fluges unterliegt, gerecht werden. Ganz wichtig ist es hierbei, dass die Handschrift des jeweiligen Kochs deutlich zum Ausdruck kommt, denn die charakteris-tische Note eines Spitzenkochs muss an Bord für Tausende von Lufthansa-Fluggästen genauso erkennbar sein wie im eigenen Restaurant. Wie authentisch dieses Credo realisiert wird, davon kann man sich beim Durchblättern der Rezepte überzeugen – dabei stellt sich mit Sicherheit nicht nur bei der Chili-Minzmarinade zur Kreation von Juan Amador, die in Pipetten gereicht wird, der sprichwörtliche Aha-Effekt ein.

In einigen seltenen Fälle offenbart der Vergleich von Rezeptur und Foto sowohl Improvisation als auch künstlerische Freiheit des jeweiligen Kochs und des Star Chefs Teams: Für Cornelia Polettos gespickten Seeteufel sind im Rezept eigentlich Fischmedallions vorgesehen, abgebildet ist ein ganzer Seeteufel. Bei Michel Guérards Calvadosmousse mit Apfelkaramell waren ursprünglich Apfelstücke karamellisiert worden, für das Foto wurden ganze Calvadosäpfel in Karamell getaucht.

Dieses Variieren mit den Produkten, das Improvisieren nach Lust und Laune zeigt, mit wie viel Spaß die Star Chefs an diesem Projekt beteiligt waren. Denn nichts lähmt die Freude und den Enthusiasmus beim Kochen mehr als dogmatisches, rigides Abarbeiten von Rezepturen, ohne dabei nach links und rechts zu schauen. Auch die Präsentation der Gerichte in diesem Buch weicht etwas ab von der Art, wie die Teller ursprünglich an Bord angerichtet waren. Diese einheitliche Präsentation dient dazu, die Aufmerksamkeit auf das Wesentliche zu lenken, das Gericht für sich sprechen zu lassen – auch in dem Bewusstsein, dass manch einer der Köche des Star Chefs Programms vielleicht eine ganz andere Form der Präsentation wählen würde. Aber die vorliegenden Rezepte sollen den Blick öffnen, zum Experimentieren einladen und beweisen, dass Kreativität und Kochen nicht voneinander zu trennen sind.

Ihr

Thomas Stets
Manager Menu & Culinary Design
LSG Sky Chefs

Garnelen mit Chili-Minzmarinade

Juan Amador

Garnelen	16 Garnelen, ohne Schale

Die Garnelen waschen, mit Salz und Pfeffer würzen und ganz kurz von beiden Seiten braten.

Chili-Minzmarinade	250 ml Tomatensaft
	250 ml Tomatenketchup
	125 ml süße Chilisauce
	15 ml Rotweinessig
	Einige Spritzer Tabasco
	5 g frische Pfefferminze
	Salz und Pfeffer

Die Minze in feine Streifen schneiden und mit den restlichen Zutaten vermengen. Mit Salz und Pfeffer abschmecken und in Pipetten füllen.

Zum Anrichten die Garnelen auf die Pipetten spießen und nach Geschmack mit rotem Basilikum und Brunnenkresse dekorieren.

Marinierte Shrimps mit Mango, Avocado und Currymayonnaise

Zutaten für 4 Personen

Karl Baumgartner

Shrimps	300 g Shrimps, aufgetaut 25 ml Olivenöl 1 TL Zitronensaft Salz und Pfeffer	Die Shrimps auf einem Sieb gut abtropfen lassen, in Zitronensaft, Olivenöl, Salz und Pfeffer marinieren. Zum Schluss abschmecken.
Currymayonnaise	125 g Mayonnaise 125 g Sauerrahm 10 g rote Currypaste 6 g Madras-Currypulver	Alle Zutaten mit dem Schneebesen zu einer glatten Sauce verrühren.
Avocado und Mango	1 Avocado, gewürfelt 1 Mango, gewürfelt 1 Zitrone, frisch gepresst 4 Blätter Salat nach Wahl	Avocado und Mango schälen und das Fruchtfleisch in ca. 0,5 cm große Würfel schneiden. Mit dem Zitronensaft marinieren und auf dem Teller kreisrund anrichten, am besten mit Hilfe eines Metallrings.

Die Shrimps etwas abtropfen lassen und auf die Obstwürfel legen. Die Currymayonnaise um die Shrimps geben und die Salatblätter darauf dekorieren.

Hechtsoufflé mit Hummersauce und Flusskrebsen

Zutaten für 4 Personen

Paul Bocuse

Hechtsoufflé	125 g Hecht	Die Fischfilets mit Salz und Pfeffer in die Küchen-
	125 g Zander	maschine geben und zerkleinern. Die restlichen
	1 Eiweiß	Zutaten gut gekühlt zufügen, fein mixen und durch ein
	1 Eigelb	Sieb streichen. Anschließend die gekühlte Fisch-
	300 ml Sahne	mousse in kleine Förmchen füllen und im Wasserbad
	4 cl Noilly Prat	ca. 15 Minuten pochieren, bis die Masse gestockt ist.
	Salz und Pfeffer	

Hechtsoufflé
125 g Hecht
125 g Zander
1 Eiweiß
1 Eigelb
300 ml Sahne
4 cl Noilly Prat
Salz und Pfeffer

Die Fischfilets mit Salz und Pfeffer in die Küchenmaschine geben und zerkleinern. Die restlichen Zutaten gut gekühlt zufügen, fein mixen und durch ein Sieb streichen. Anschließend die gekühlte Fischmousse in kleine Förmchen füllen und im Wasserbad ca. 15 Minuten pochieren, bis die Masse gestockt ist.

Hummersauce
200 ml Fischfond
20 g Hummerpaste
15 g Butter
50 ml Sahne
50 ml Weinbrand
Salz und Pfeffer

Die Hummerpaste in den Fischfond einrühren und mit der Sahne zur Hälfte einkochen. Die klein geschnittene Butter unter die Sauce rühren und mit den restlichen Zutaten fein abschmecken.

Flusskrebse
12 Flusskrebse

Die Krebse in siedendem Wasser garen, ausbrechen und warm stellen.

Die Hechtmousse aus den Förmchen stürzen und zusammen mit den Flusskrebsen und der Hummersauce auf vorgewärmten Tellern anrichten.

Gegrillte Jakobsmuscheln mit Vanille und Chicorée

Zutaten für 4 Personen

Jonnie Boer

Jakobsmuscheln	8 grillfertige Jakobsmuscheln Salz und Pfeffer 2 Vanillestangen Olivenöl	Muschelfleisch leicht salzen und pfeffern. Die Vanillestangen in der Mitte teilen und jeweils zwei Jakobsmuscheln auf eine halbe Vanillestange spießen. Die Spieße mit etwas Olivenöl beträufeln und die Muscheln unter dem Grill 3 bis 4 Minuten bräunen.
Möhren-Ingwerjus	150 g Möhren 1 Stück Ingwerwurzel Butter zum Binden	Möhren und Ingwer schälen. Möhren in Stücke schneiden und mit dem Ingwer in eine Presse geben. Entsaften. Den Saft in einen Topf geben und etwas einkochen lassen. Mit einem Stück kalter bzw. gefrorener Butter die Sauce binden.
Chicorée	4 Chicorée Olivenöl 1 Prise Zucker Salz und Pfeffer	Chicorée putzen, halbieren und den Strunk herausschneiden. Olivenöl, Zucker, Salz und Pfeffer verrühren. Chicorée mit der Schnittseite nach oben in eine Fettpfanne legen und die vorbereitete Marinade darüber gießen. Den Chicorée bei Heißluft (160 °C) etwa 30 bis 40 Minuten garen. Schneller geht es, wenn der Chicorée vorher kurz in kochendem Wasser blanchiert oder in etwas Öl angebraten wird.

Nach Belieben auf blanchiertem Spinat anrichten.

Hummerterrine mit exotischem Fruchtpüree und Tamarinde

Zutaten für 4 Personen

David Bouley

Hummerterrine	Einige Zucchinischeiben, längs geschnitten
	2 Hummer
	Salz und Pfeffer
	1 Artischocke
	½ Mango
	Fischfond
	Zitronengras
	Kaffirblätter
	Etwas Kokosmilch
	6 Blatt Gelatine

Die Hummer kurz in Wasser garen. Schwanz und Scheren ausbrechen, das Hummerfleisch herausnehmen und zu einer Farce verarbeiten. Mit Salz und Pfeffer würzen. Die Artischocke schälen, das Fruchtfleisch klein schneiden und unter das Hummerfleisch mengen. Die Mango schälen, das Fruchtfleisch klein schneiden und ebenfalls unter die Farce rühren. Mit Fischfond, klein gehacktem Zitronengras, Kaffirblättern und etwas Kokosmilch abschmecken. Gelatine in kaltem Wasser auflösen und unter die Farce rühren. Eine Terrine mit Folie und den Zucchinischeiben auslegen. Die Form mit der Farce auffüllen, mit der Klarsichtfolie abschließen und bei 85 °C im Wasserbad im Backofen etwa 25 bis 30 Minuten garen.

Fruchtpüree	250 g Crème fraîche
	Kokosmilch
	½ Mango
	1 EL Passionsfruchtmark
	Salz und Pfeffer

Crème fraîche aufschlagen und mit etwas Kokosmilch verrühren. Mangofruchtfleisch pürieren und mit dem Passionsfruchtkonzentrat verrühren. Mit Salz und Pfeffer abschmecken und eventuell etwas zusätzliche Kokosmilch unterrühren.

Hummerterrine nach Geschmack mit Tamarindenpüree servieren.

Gewürzter Thunfisch an Früchte-Chutney

Daniel Boulud

Thunfisch	300 g Thunfischfilet	Das Thunfischfilet salzen und in Pfeffer und Fenchel-
	10 g Fenchelsamen	samen wenden. Von allen Seiten kurz anbraten.
	10 g gestoßener schwarzer Pfeffer	Nach dem Erkalten in 2 cm dicke Scheiben schneiden.
	Öl zum Braten	
	Salz	

Früchte-Chutney

150 g Äpfel, gewürfelt
70 g Ananas, gewürfelt
25 g getrocknete Sauerkirschen
70 g Zwiebeln, gewürfelt
40 g eingelegte Paprika, gewürfelt
1 EL Zucker
1 TL Madras-Curry
100 ml Reiswein
2 EL Olivenöl
Salz und Pfeffer

Das Olivenöl erhitzen und die Obst- und Gemüsewürfel darin anbraten. Zucker und Curry dazugeben und für 2 Minuten kochen. Anschließend mit dem Reiswein ablöschen und mit Salz und Pfeffer abschmecken.

Nach Belieben mit Juliennestreifen von Gemüse garnieren.

Steinbuttfilet auf
einer Räucherfischcrème

Zutaten für 4 Personen

Martin Buchleither

Räucherfischcrème	Frisch geräucherte Forellenkarkassen von 2 Forellen 50 g Zwiebeln, fein gewürfelt 50 g Lauch, fein gewürfelt 50 g Möhren, fein gewürfelt 50 g Sellerie, fein gewürfelt ¼ l Weißburgunder, trocken ¼ l Wasser 125 ml Schlagsahne 40 g Butter Salz und Pfeffer	Zwiebeln, Lauch, Möhren und Sellerie in 40 g Butter anschwitzen. Forellenkarkassen zugeben und mit Weißwein und Wasser auffüllen. Ca. 15 Minuten köcheln lassen und anschließend den Fond durch ein Sieb passieren.
Gemüse	400 g Zuckerschoten 60 g Butter	Die Zuckerschoten blanchieren, in Eiswasser abschrecken, in 50 g Butter erhitzen und mit Salz und Pfeffer würzen.
Steinbutt	4 Steinbuttfilets à 100 g 1 EL Olivenöl 1 Zitrone	Steinbuttfilets salzen und mit Zitrone beträufeln. Anschließend in Olivenöl auf einer Seite kross anbraten, herausnehmen und warm stellen.

Den Fond mit der Sahne verrühren und etwa um die Hälfte einkochen. Anschließend mit einem Mixstab und der restlichen Butter aufschäumen und abschmecken.

Die Steinbuttfilets auf den Zuckerschoten anrichten und mit Sauce umgießen. Nach Wahl mit Sprossen oder Gemüse garnieren.

Zucchini-Piccata auf Basilikum-Tomaten-Coulis mit grünem Spargel

Zutaten für 4 Personen

Pierre Buess und Jean-Claude Wicky

Basilikum-Tomaten-Coulis

170 g Tomaten, passiert
20 ml Olivenöl
1 Prise Salz
1 Prise Pfeffer
1 ml Balsamico Bianco
12 ml Wasser
5 g frisches Basilikum, gehackt

Passierte Tomaten mit Salz, Pfeffer, Wasser, Olivenöl und Balsamico Bianco aufkochen. Zum Schluss gehacktes Basilikum zugeben.

Spargel

40–60 Stangen grüner Spargel, je nach Dicke
1,5 l Wasser
15 g Butter
Salz und Pfeffer

Den grünen Spargel am Ende leicht schälen, portionsweise kochen und warm stellen. Vor dem Anrichten mit der zerlassenen Butter beträufeln und mit Salz und Pfeffer würzen.

Zucchini-Piccata

12 Zucchinischeiben (1 cm dick)
3 Eigelb
50 g Mehl
50 g Parmesan
Salz und Pfeffer
30 ml Öl

Die Zucchinischeiben mit Salz und Pfeffer würzen und nacheinander in Mehl, Ei und Parmesan wenden. In der Pfanne mit Öl braten und anschließend warm stellen.

Den Spargel auf dem Teller anrichten, das Basilikum-Tomaten-Coulis darüber geben und die Zucchinischeiben darauf anrichten.

Je nach Geschmack mit Artischocken dekorieren.

Ananas-Ravioli mit Koriander
auf Passionsfruchtmousse

Philippe Chevrier

Ananas-Ravioli	1–2 Babyananas Läuterzucker zum Blanchieren	Die Babyananas schälen und in Scheiben schneiden. In Läuterzucker weich blanchieren, abtropfen lassen und Kreise ausstechen.
Passionsfruchtmousse	1 Eigelb 100 g Zucker 1 Passionsfrucht 2 Blatt weiße Gelatine 200 g Schlagsahne Etwas Koriandergrün, gehackt	Das Fruchtfleisch von einer Passionsfrucht auslösen, pürieren und passieren. Das Eigelb mit Zucker aufschlagen, das Passionsfruchtmark dazugeben, die aufgelöste Gelatine einrühren, die geschlagene Sahne und den gehackten Koriander unterheben. Die Ananas-Kreise mit der Mousse füllen, nach Belieben auf Schokolade betten und mit Passionsfruchtmark garnieren.

Terrine vom Bachsaibling mit süß-saurem Gemüsepotpourri

Filippo Chiappini Dattilo

Zutaten für 4 Personen

Saiblingsterrine

150 g Tomaten
Thymian und Rosmarin, getrocknet
200 g Hechtmousse (im Fleischwolf grob gemahlen)
20 g Schalotten, gewürfelt
2 El Olivenöl
6 Blatt Gelatine
Salz und Pfeffer
⅛ l Fischfond
4 Saiblingsfilets ohne Haut
2 große Mangoldblätter
Kerbel und Schnittlauch, gehackt

Die Tomaten häuten, vierteln, aushöhlen, mit Olivenöl bedecken und mit Thymian und Rosmarin bestreuen; ca. 1 Stunde bei 180 °C im Ofen garen.
Die Hechtmousse und die Schalotten in Olivenöl garen. Abkühlen lassen und mit 2 Blatt eingeweichter Gelatine binden. Anschließend mit Salz und Pfeffer würzen und glatt rühren. Mangold blanchieren und zur Seite stellen.
Den Fischfond mit 4 Blatt eingeweichter Gelatine binden. Die Tomaten aus dem Öl nehmen, gut abtropfen und mit der Hälfte den Boden einer kleinen Terrine bedecken. Darauf die in Mangold eingerollten Saiblingsfilets legen und je eine Lage Hechtmousse, Tomaten und erneut Hechtmousse hinzugeben. Jedes Mal gut glatt streichen. Die Kräuter darüber streuen und mit dem Fischfond auffüllen. Über Nacht im Kühlschrank durchkühlen lassen.

Gemüse

20 g Perlzwiebeln
10 g Möhren
10 g Sellerie
Cornichons, gewürfelt
10 g Maiskölbchen
20 g Paprikawürfel (rot und grün)
3 El Weißweinessig
25 g Zucker
1 Lorbeerblatt

Das Gemüse mit Weißweinessig, Zucker und dem Lorbeerblatt bissfest garen.

Nach dem Anrichten die Terrine und das Gemüse mit Olivenöl beträufeln.

Olivenöl-Schokoladenmousse mit Walderdbeeren

Martin Dalsass

Zutaten für 4 Personen

Schokoladenmousse

180 g Couverture, vorzugsweise Felchlin (Arriba 72 %)
125 g Olivenöl
3 Eigelb
110 g Zucker
3 Eiweiß
200 g Sahne, geschlagen
etwas Kakaopulver
160 g Walderdbeeren (oder Himbeeren)
4 Edelstahlringe zum Portionieren der Mousse

Die Edelstahlringe innen mit flüssiger Schokoladencouverture bestreichen und kalt stellen. Die Schokoladencouverture im Wasserbad zergehen lassen und das Olivenöl langsam unterrühren. Die 3 Eigelb mit der Hälfte des Zuckers schaumig rühren, die 3 Eiweiß zu Schnee schlagen, die andere Hälfte des Zuckers vorsichtig zugeben und ebenfalls schaumig rühren. Die beiden Eischaum-Massen mit der flüssigen Schokolade leicht verrühren. Zum Schluss die geschlagene Sahne vorsichtig unterziehen.
Die Mousse in die vorbereiteten Edelstahlringe füllen und im Kühlschrank mindestens 8 Stunden kalt stellen.

Schokoladenhippe

125 g Staubzucker
25 g Mehl
13 g Kakao
50 g Butter
50 g Orangensaft

Sämtliche Zutaten miteinander vermengen, auf einer Silikonmatte bei 185 °C 4 Minuten lang im Ofen backen und dann rasch in die gewünschte Form schneiden.

Zum Anrichten der Mousse die Edelstahlringe entfernen, die Mousse auf einen Teller setzen, mit etwas Kakaopulver bestreuen, die Hippe hineinstecken und mit Walderdbeeren oder Himbeeren dekorieren.

Geräucherte Wachtelbrust mit Wachtelmousse, Selleriesalat und Portweinfeigen

Zutaten für 4 Personen

Sven Elverfeld

Geräucherte Wachtelbrust	4 Wachtelbrüste, geräuchert Einige Thymianblätter und Rosmarinnadeln Öl oder Butter zum Braten	Die geräucherten Wachtelbrüste mit den Kräutern von beiden Seiten braten.
Wachtelmousse	150 ml Kalbsfond 150 ml Portwein 2 Wachtelbrüste, gebraten 120 g Gänseleber 2 Blatt Gelatine Baumkuchenboden	Den Kalbsfond und den Portwein kurz reduzieren, vom Herd nehmen und das zuvor gebratene Wachtelbrustfleisch und die Gänseleber hineingeben. 2 bis 3 Minuten ziehen lassen und alles zusammen im Mixer pürieren. Anschließend in eine Schüssel passieren und die eingeweichte Gelatine unterrühren. Eine Pastetenform mit Baumkuchenboden auslegen und die Mousse hineingeben. Nach dem vollständigen Erkalten mit dem Portweingelee bestreichen.
Selleriesalat	1 Sellerieknolle 1 Babyananas 250 g Crème fraîche Salz und Pfeffer	Den Sellerie und die Babyananas schälen. Sellerie und Ananas in feine Streifen schneiden und die Selleriestreifen kurz blanchieren. Beim Aufschneiden den Ananassaft auffangen, etwas reduzieren und mit der Crème fraîche glatt rühren. Mit Salz und Pfeffer abschmecken und mit den Sellerie- und Ananasstreifen vermengen.
Portweinfeigen	125 ml Portwein 8 frische Feigen 100 g Zucker 125 ml Wasser	Die Gelatine in kaltem Wasser einweichen, Zucker, Portwein und Cognac in einem Topf bei mittlerer Hitze zum Kochen bringen und den Topf dann vom Herd nehmen. Die Gelatine ausdrücken und in der heißen Flüssigkeit auflösen und das Portweingelee bei Zimmertemperatur auskühlen lassen.
Portweingelee	20 g Zucker 100 ml Portwein 50 ml Cognac 2 Blatt Gelatine	Den Zucker in einen Topf geben, das Wasser hinzugeben und aufkochen, bis der Zucker aufgelöst ist. Dann den Portwein hinzugeben und verrühren. Die Feigen waschen, halbieren, in den Topf geben und etwa 10 Minuten köcheln lassen.

Rucola-Risotto mit Taleggio und Walnüssen

Zutaten für 4 Personen

Marcello Fabbri

1 Zwiebel, gewürfelt
4 EL Butter
400 g Risottoreis
100 ml Weißwein
750 l heiße Gemüsebrühe
Salz und Pfeffer
200 g Rucola
50 g gehackte Walnüsse
50 g Taleggio

Die Zwiebel schälen und fein würfeln. 3 Esslöffel Butter erhitzen und die Zwiebel darin andünsten. Den Reis zugeben und unter ständigem Rühren glasig werden lassen. Den Wein zugießen und unter Rühren weitergaren, bis die Flüssigkeit verdampft ist. Etwa drei Schöpfkellen Gemüsebrühe zugießen und unter Rühren einköcheln lassen. Dann die restliche Brühe zugeben und bei schwacher Hitze den Reis ausquellen lassen, je nach Reissorte 15 bis 20 Minuten lang. Inzwischen den Rucola putzen, waschen und in Stücke zupfen. ¾ der Rucola-Blätter kurz vor Ende der Garzeit unter das Risotto heben und 2 bis 3 Minuten mitgaren. Den Topf vom Herd nehmen, die restliche Butter, die Walnüsse, den Taleggio und den übrigen Rucola unterrühren. Mit Salz und Pfeffer würzen und zugedeckt kurz ziehen lassen, dann servieren.

Nach Geschmack mit Scheiben von ofengetrockneten Tomaten und gebratenen Pilzen garnieren.

Champagnerkrautnudeln
mit Riesengarnelen
an Schnittlauchsauce

Zutaten für 4 Personen

Michael Fell

Champagner- krautnudeln	4 Nudelplatten à 10 cm
	16 Riesengarnelen
	4 El Fischfarce
	12 El Champagnerkraut
	8 El Fischfond
	0,1 l Champagner
	1 Bund Schnittlauch
	Olivenöl
	Butter
Fischfarce (4 EL)	200 g Fischfleisch (z. B. Seezunge,
	Forelle, Lachs oder Steinbutt gemischt)
	200 g flüssige Sahne
	Salz
	Cayennepfeffer
	Noilly Prat
Dekoration	16 Frühlingszwiebeln

Den Fisch mehrmals durch den Fleischwolf passieren. In einer Schüssel, die in Eiswasser steht, die Sahne unter die Farce rühren, bis eine kompakte Masse entsteht. Anschließend alles durch ein Sieb streichen und mit Salz, Cayennepfeffer und Noilly Prat abschmecken. Nudelplatten al dente kochen und mit der Fischfarce bestreichen. Das gehackte Champagner-kraut darauf drücken, fest einrollen und in gebutterte Aluminiumfolie einwickeln. Etwa 10 Minuten pochieren, erkalten lassen, in Scheiben schneiden und von beiden Seiten goldgelb braten. Die Garnelen in Olivenöl anschwenken und beiseite stellen.
Den Fischfond in einer Pfanne erwärmen und mit Champagner, Butter und Schnittlauch aufmixen.
Die Frühlingszwiebeln kurz blanchieren.

Die Krautnudeln, Frühlingszwiebel und Garnelen zusammen mit der Sauce anrichten.

Gepökelte Ochsenbrust mit Handkäs-Vinaigrette

Alfred Friedrich

Ochsenbrust	1 kg Rindfleisch (Ochsenbrust)
	1 Bund Suppengrün
	Salz

Die Ochsenbrust in kochendem Salzwasser mit dem geputzten Suppengrün ca. 2 Stunden garen. Das Fleisch anschließend in Scheiben schneiden.

Vinaigrette	150 g Handkäse, gewürfelt
	2 rote Zwiebeln
	Rotweinessig
	1 Bund Schnittlauch
	Traubenkernöl
	Etwas Geflügelfond
	Apfelwein

Den Handkäse fein würfeln. Zwiebeln abziehen, in Ringe schneiden und in Rotweinessig blanchieren. Schnittlauch in Röllchen schneiden. Die Zutaten mit etwas Geflügelfond und Apfelwein zu einer Vinaigrette mischen.

Gefülltes Hähnchen mit Mostsauce und Pastinakengemüse

Zutaten für 4 Personen

Elisabeth Grabmer

Hähnchen	1 Hähnchen Salz und Pfeffer Einige Salbeiblätter Öl oder Butter zum Braten	Das Hähnchen mit Salz und Pfeffer einreiben. Salbeiblätter unter die Geflügelhaut stecken. Im heißen Öl oder in Butter goldbraun braten. Dann bei 180 °C im Backofen in etwa 50 bis 60 Minuten fertig garen.
Mostsauce	250 ml Apfelwein 250 ml Apfelsaft 125 ml Geflügelfond 1 Prise Zimt	Apfelwein, Apfelsaft und Geflügelfond in einen Topf geben und stark einkochen. Mit Zimt abschmecken.
Pastinakengemüse	400 g Pastinaken Butter zum Braten 1 EL gehackte Petersilie	Die Pastinaken schälen und in Würfel oder Stifte schneiden. Die Butter zerlassen und das Gemüse leicht in Butter anbraten. Bei schwacher Hitze gar dünsten. Mit der Petersilie verfeinern.

Nach Belieben mit Kartoffelpuffern servieren.

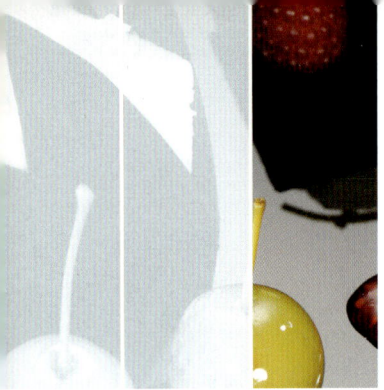

Calvadosmousse
mit karamellisierten Äpfeln

Michel Guérard

Zutaten für 4 Personen

Calvadosmousse	60 g Zucker
	3 Eiweiß
	120 ml Apfelwein
	80 g Apfelmus
	2 cl Calvados
	6 Blatt Gelatine
	500 ml Sahne

Zuerst Eiweiß und Zucker zu Schnee aufschlagen. Die Gelatine in kaltem Wasser einweichen. Die Sahne schlagen. Calvados, Apfelmus und Apfelwein etwas erwärmen, die Gelatine hinzufügen und 5 Minuten abkühlen lassen. Dann das Eiweiß und die geschlagene Sahne unter die Masse heben. Die Mousse in Förmchen füllen, kalt stellen und nach 2 Stunden stürzen.

Apfelkaramell	150 g Zucker
	2 feste Äpfel
	30 g Butter

Äpfel schälen, entkernen und in kleine Würfel schneiden. Den Zucker in der Pfanne auflösen und karamellisieren lassen. Apfelwürfel hinzufügen und mit anschwenken. Zum Schluss alles mit Butter verfeinern.

Die gestürzte Calvadosmousse mit den Äpfeln servieren.

Grießklößchen auf
Schwarzwurzelragout mit Morcheln

Zutaten für 4 Personen

Hans Haas

Schwarzwurzelragout mit Morcheln	400 g Schwarzwurzeln
	200 ml Sahne
	30 g Butter
	10 g Mehl
	20 g getrocknete Spitzmorcheln
	5 g frischer Kerbel, gehackt
	Salz und Pfeffer

Die Spitzmorcheln in 200 ml lauwarmem Wasser für ca. 1 Stunde einweichen. Die geschälten und in Stücke geschnittenen Schwarzwurzeln in kochendem Salzwasser bissfest garen, im Sieb abtropfen lassen und zur Seite stellen. 20 g der Butter in einem Topf schmelzen, das Mehl einrühren und rösten, ohne dass es zu bräunen beginnt. Die flüssige Sahne mit einem Schneebesen einrühren und etwas von dem Einweichwasser der Morcheln zugeben. Die Sauce mit Salz und Pfeffer abschmecken und die Schwarzwurzeln hineingeben. Die eingeweichten Morcheln ausdrücken, mit der restlichen Butter kurz anbraten und ebenfalls in die Sauce geben. Kurz vor dem Servieren den Kerbel unterheben.

Grießklößchen	300 ml Milch
	60 g Butter
	135 g Grieß, fein
	1 Ei
	1 Eigelb
	Salz und Muskat

Milch mit Butter, Salz und Muskat aufkochen, den Grieß einrühren und gut abbrennen, das heißt mit dem Kochlöffel so lange rühren, bis sich die Masse vom Topfboden löst. Die Grießmasse abkühlen. Nun das Ei und das Eigelb unter die Masse rühren. Mit einem Esslöffel Nocken abstechen oder kleine Klößchen formen und in kochendem Salzwasser ca. 10 bis 12 Minuten gar ziehen lassen.

Komposition von Hummer und Artischocken

Zutaten für 4 Personen

Marc Haeberlin

Hummer	2 Hummer à 500 g	Hummer in kochendes Salzwasser geben, Hitze reduzieren und 8 Minuten gar ziehen lassen, herausnehmen und in Eiswasser erkalten lassen. Das Hummerfleisch vorsichtig auslösen und den Darm entfernen. Bitte darauf achten, dass die Hummerscheren nicht zerbrechen.
Gemüse	4 Artischockenböden 2 Zitronen ½ Möhren ½ Stange Lauch, weißer Teil ¼ Sellerieknolle 100 ml Haselnussöl Salz und Pfeffer	Artischocken vom Heu befreien und die Böden in Streifen schneiden. Möhren, Lauch und Sellerie klein würfeln, in etwas Haselnussöl anbraten, die Artischockenstreifen hinzufügen und alles zugedeckt 10 Minuten bei geringer Hitze garen lassen. Anschließend das Gemüse mit dem Saft der Zitronen würzen und mit Salz und Pfeffer geschmacklich abrunden.
Dekoration	Kerbel, frischer Koriander oder Salat nach Wahl	Pro Teller einen Löffel des Artischockengemüses zusammen mit einem halben Hummerschwanz und einer Hummerschere anrichten. Anschließend alles mit etwas Fond des gekochten Gemüses übergießen, mit Kerbel und frischem Koriandergrün bestreuen oder mit Salatblättern garnieren.

Taschenkrebssalat mit Guacamole

Tillmann Hahn

Zutaten für 4 Personen

Guacamole

2 reife Avocados
2 Tomaten
1 Zwiebel
2 grüne Chilischoten
1 TL Koriandergrün, in Streifen
geschnitten
2 EL Öl
Salz
½ TL Pfeffer

Taschenkrebssalat

1 Taschenkrebs, ca. 800–1000 g
100–150 g Schneekrabbenfleisch,
ausgelöst
2 Tomaten, gewürfelt
2–3 EL Mayonnaise
1 TL Koriandergrün, gehackt
Etwas Champagneressig
Etwas Olivenöl
Etwa Salz, Cayennepfeffer und Zucker

Die Avocados halbieren, die Kerne entfernen, das Fruchtfleisch herauslösen und mit einer Gabel fein zerdrücken. Die Tomaten schälen, halbieren, entkernen und sehr fein hacken. Die Zwiebel schälen, die Chilis entkernen und alles sehr fein hacken. Korianderblättchen und Öl zugeben, alles gut vermengen. Mit Salz und Pfeffer würzen.

Den Taschenkrebs in Salzwasser aufkochen und 20 bis 30 Minuten ziehen lassen. Herausheben und das Fleisch aus den Scheren, Gelenken und Beinen lösen und zerkleinern.

Das zerkleinerte Schneekrabbenfleisch mit dem Taschenkrebsfleisch, dem gehackten Koriander, den gewürfelten Tomaten und der Mayonnaise vermischen. Olivenöl zugeben und mit Champagneressig, Salz, Cayennepfeffer und Zucker abschmecken.

Bei diesem Gericht müssen Sie schnell arbeiten. Füllen Sie die Guacamole in eine vorgekühlte Form und fügen Sie den Krebssalat hinzu. Nach Belieben mit etwas Crème fraîche, Balsamicocrème und Korianderblättern anrichten.

Erdbeermousse
mit Rosmarin-Rhabarber

Geert Van Hecke

Erdbeermousse	150 g Erdbeerpüree	Eiweiß mit dem Zucker aufschlagen. Die Gelatine in
	60 g Eiweiß	kaltem Wasser einweichen. Die kalte Sahne steif
	125 g Zucker	schlagen. Die Gelatine aus dem Wasser nehmen und
	4 Blatt Gelatine	vorsichtig erwärmen. Die flüssige Gelatine unter das
	350 ml Sahne	Erdbeerpüree geben, die geschlagene Sahne und das
		Eiweiß vorsichtig unterheben und kalt stellen.

Rhabarberkompott	100 g Wasser	Wasser, Weißwein, Zucker und Zitronensaft auf-
	60 g Weißwein	kochen. Die Vanillestange halbieren, das Mark aus-
	100 g Zucker	kratzen und mit dem Rosmarin in die Flüssigkeit geben.
	20 g Zitronensaft	Den Rhabarber würfeln und in den Fond geben.
	1 Vanillestange	Kurz aufkochen und dann mit dem Mondamin binden.
	2 g frischer Rosmarin	Nochmals aufkochen lassen und abschmecken.
	240 g Rhabarber	
	30 g Mondamin	

Apfellasagne

Eyvind Hellstrøm

500 g mürbe Äpfel, z. B. Boskop
100 g Zucker
Einige Orangenzesten
Etwas Läuterzucker
Etwas Fruchtmark

Die Äpfel schälen, entkernen und in Scheiben schneiden. Den Zucker karamellisieren lassen und schichtweise mit den Äpfeln in feuerfeste Förmchen geben. Über Nacht ruhen lassen. Am nächsten Tag im Backofen bei 180 °C ca. 20 Minuten garen. Für die Garnitur Orangenzesten in Läuterzucker garen. Etwas Fruchtmark dazu reichen.

Nach Belieben mit etwas Sahne servieren.

Lachsröllchen mit Störmus auf Limetten-Crème-fraîche

Zutaten für 4 Personen

Stefan Hermann

Lachsröllchen	400 g Räucherlachs am Stück	Räucherlachs kurz einfrieren. Danach in sehr dünne Scheiben aufschneiden und die Scheiben auf Folie auslegen.
Störmus	350 g geräucherter Stör 750 g Sahne 200 ml Geflügelfond Etwas Speisestärke 6 Blatt weiße Gelatine	Stör klein schneiden und mit der Sahne aufkochen. Die Flüssigkeit auf etwa ein Drittel reduzieren. Geflügelfond mit Stärke verschlagen und erkalten lassen. Dann den Geflügelfond mit der Störmasse mischen, Gelatine auflösen und unter die Störmasse ziehen. Mit dem Stabmixer kurz anpürieren. Das Störmus in einen Spritzbeutel füllen und auf die ausgebreiteten Lachsscheiben spritzen. Die Lachsscheiben aufrollen und kurz einfrieren.
Limetten-Crème-fraîche	250 g Crème fraîche Saft von 1 Limette 1 Prise Salz 1 Prise Zucker	Crème fraîche und Limettensaft verrühren und mit Salz und Zucker abschmecken. Crème fraîche als Spiegel in die Tellermitte geben und mit Ketakaviar und Schnittlauch garnieren. Die gefüllten Lachsröllchen darauf setzen.
Dekoration	Etwas Ketakaviar Schnittlauchröllchen nach Belieben	

Rigatoni mit schwarzem Pfeffer, Pfifferlingen und Radicchio

Zutaten für 4 Personen

Livia und Alfonso Iaccarino

Nudeln	240 g Rigatoni
	120 g Pfifferlinge
	120 g Shiitake, geputzt und geschnitten
	40 g Erbsen
	100 ml Olivenöl
	Knoblauch gehackt
	100 ml Geflügelfond
	5 g schwarzer Pfeffer, geschrotet
	5 g Majoran, frisch
	30 g Parmesan, gehobelt
	Salz

Teigwaren in Salzwasser mit etwas Olivenöl al dente kochen. In der Zwischenzeit Olivenöl mit Knoblauch in einer Pfanne erhitzen, die frischen Pilze mit den Erbsen hinzugeben und kurz anbraten. Die gekochten Rigatoni zu den Pilzen geben, mit Geflügelfond übergießen und mit Majoran, Parmesan, Salz und schwarzem Pfeffer würzen.

Gemüse	100 g Gemüse (Radicchio, Möhren, Sellerie, Lauch, Erbsen)
	100 ml Weißwein, trocken
	50 ml Champagneressig
	100 ml Olivenöl
	Salz und Pfeffer

Olivenöl in einer Pfanne erhitzen. Das Gemüse und den Radicchio in Streifen schneiden, kurz sautieren und mit Weißwein und Essig ablöschen. Mit Salz und Pfeffer würzen.

Spinatsauce	250 g Sahne
	250 g Geflügelfond
	Salz und Pfeffer
	100 g Blattspinat
	50 g Butter

Den Geflügelfond mit der Sahne in einem Topf zum Kochen bringen und zur Hälfte reduzieren.
Den gehackten Blattspinat hinzugeben und die Sauce im Mixer pürieren. Mit Butter verfeinern und mit Salz und Pfeffer abschmecken.

Die Rigatoni mit den Gemüse- und Radicchiostreifen auf Tellern anrichten und mit Spinatsauce servieren.

Steinbutt mit Hummerkruste, Safransauce, karamellisierten Frühlingszwiebeln und Basmatireis

Zutaten für 4 Personen

André Jaeger

Steinbutt	4 Steinbuttfilets à 125 g Salz und Pfeffer 1 frischer Hummer à. 300 g Frisch geriebenes Mie de Pain 50 g Sahne 20 ml Olivenöl	Die Steinbuttfilets von beiden Seiten mit Salz und Pfeffer würzen. Hummer sehr kurz in Wasser abkochen, ausbrechen und das Hummerfleisch grob zerkleinern. Mit Mie de Pain und etwas Wasser zu einer Panade vermengen. Den Fisch von einer Seite durch flüssige Sahne ziehen und dann mit der Hummermasse panieren. Die panierte Seite in Olivenöl goldbraun anbraten.
Safransauce	2 Schalotten 150 g Pilze nach Wahl, z. B. Pfifferlinge, klein geschnitten 30 g Butter 125 ml Weißwein 125 ml Fischfond 3-4 Safranfäden 1 Prise Zucker Salz und Pfeffer	Die Schalotten abziehen, fein würfeln und zusammen mit den Pilzen in Butter anschwitzen, mit Weißwein und Fischfond ablöschen. Safranfäden, Zucker, Salz und Pfeffer zugeben und aufmixen, nicht passieren.
Karamellisierte Frühlingszwiebeln	1 Bund Frühlingszwiebeln 50 g Zucker Salz	Frühlingszwiebeln kurz in kochendem Wasser blanchieren. Zucker in einer Pfanne ohne Fett karamellisieren lassen. Frühlingszwiebeln mit dem karamellisierten Zucker vermengen und mit etwas Salz abschmecken.
Basmatireis	250 g Basmatireis 2 Schalotten 1 kleine Peperoni oder Chili nach Belieben	Reis nach Packungsanleitung gar kochen. Schalotten schälen, klein schneiden und unter den Reis geben. Nach Belieben klein geschnittene Peperoni oder Chili unterrühren.

Marinierte Nashi-Birnen
mit Walnüssen und Ziegenkäse

JinR

4 Nashi-Birnen
20 g Meaux-Senf
1 TL Honig
1 Spritzer Rotweinessig
Etwas zerkrümelter Ziegenkäse

60 g Walnusskerne
60 g weicher Ziegenkäse

Die Birnen längs in Scheiben schneiden. Aus Senf, Honig, Rotweinessig und Ziegenkäse eine kalte Senfsauce zubereiten (mit dem Stabmixer pürieren) und mit den Birnenscheiben anrichten.

Mit Walnusskernen und Ziegenkäse servieren.

Zanderfilet gefüllt mit Sauerkraut auf Wacholder-Butter-Sauce

Zutaten für 4 Personen

Emile Jung

Zanderfilets mit Sauerkraut	600 g Zanderfilets, 8 Filets à 75 g 200 g Sauerkraut, gekocht 1 Möhre 2 Blätter Wirsing, gekocht	Die Zanderfilets mit der flachen Seite eines Messers etwas flach drücken und von beiden Seiten salzen und pfeffern. Anschließend das Sauerkraut auf vier Filets verteilen und mit den verbleibenden Filets zudecken. Die Möhre in Scheiben schneiden und diese mit den Wirsingblättern auf den Fischfilets verteilen. Die vier Portionen in Alufolie wickeln und 12 Minuten im Dampf garen.
Wacholder-Butter-Sauce	200 ml Weißwein 20 ml Weißweinessig 4 Schalotten, gewürfelt 10 Wacholderbeeren 150 g Butter Salz und Pfeffer	In einem kleinen Topf Weißwein, Wacholderbeeren, Schalotten, Salz, Pfeffer und Weißweinessig aufkochen. Die Flüssigkeit auf ein Drittel reduzieren. Die Butter in kleine Stücke schneiden und in die Flüssigkeit einschwenken. Darauf achten, dass die Sauce nicht mehr kocht. Anschließend durch ein Sieb passieren.
Dekoration	12 Wacholderbeeren	Den Fisch aus der Folie nehmen, mit der Sauce auf Tellern anrichten und mit jeweils drei Wacholderbeeren dekorieren.

Parfait vom Stör mit Ketakaviar

Dieter L. Kaufmann

400 g geräucherter Stör, pariert
125 ml Fischfond
100 ml Sahne
8 g Weizenstärke
1 Blatt Gelatine
20 ml Weißwein, trocken
Salz und Pfeffer
40 g Ketakaviar

Den Fischfond zum Kochen bringen, mit der in Wasser aufgelösten Weizenstärke zu einem festen Brei binden und kalt stellen. Den vorbereiteten Stör durch die feine Scheibe des Fleischwolfs drehen, mit dem erkalteten Brei im Mixer zu einer homogenen Masse verarbeiten und anschließend eine halbe Stunde durchkühlen lassen. Die Sahne schlagen, Gelatine mit Weißwein auflösen und warm halten. Nun die geschlagene Sahne vorsichtig unter das Störmus heben, eventuell mit Salz und Pfeffer würzen und zum Schluss die flüssige Gelatine einrühren. Die Masse zügig in die entsprechende Form füllen und 2 bis 3 Stunden kalt stellen.

Das Parfait auf einem Teller anrichten und mit Ketakaviar garnieren.

„Gulasch" Kalbsfilet serviert mit Rosenkohl, Kräuterspätzle und ungarischer Paprikasauce

Zutaten für 4 Personen

Thomas Keller

Kalbsfilet	480 g Kalbsfilet, pariert 20 ml Olivenöl 150 ml Kalbsfond 100 ml Rotwein 50 ml Portwein, rot 50 g Schalotten, gewürfelt 40 g Butter 5 g Paprikapulver, edelsüß 1 rote Paprika, gewürfelt Salz und Pfeffer	Das Kalbsfilet in grobe Würfel schneiden und mit Paprikapulver bestreuen, mit Salz und Pfeffer würzen und in der Pfanne mit Olivenöl von allen Seiten kurz anbraten. Das Fleisch aus der Pfanne nehmen und warm stellen. In derselben Pfanne die Schalotten für die Sauce anschwitzen, die Paprika hinzugeben und mit Kalbsfond, Rotwein und Portwein ablöschen. Das Ganze etwas reduzieren, mit der Butter verfeinern und passieren.
Rosenkohl	400 g Rosenkohl 2 l Wasser Salz und Pfeffer	Die äußeren Blätter entfernen und den Rosenkohl vierteln. Das Gemüse in reichlich Salzwasser geben und weich kochen. Anschließend mit Salz und Pfeffer würzen.
Kräuterspätzle	320 g Spätzle, gekocht 5 g Petersilie, gehackt 50 g Butter	Die Butter in eine Pfanne geben, die gekochten Spätzle hinzufügen und einmal durchschwenken, anschließend mit Petersilie vermengen.

Terrine von gelber Paprika mit Gemüserelish

Johannes King

Paprikaterrine	300 g Paprika, gelb	Paprika und Zwiebelwürfel mit Gemüsebrühe,
	30 g Zwiebeln, gewürfelt	Weißwein und Noilly Prat angießen, mit Knoblauch,
	100 ml Gemüsebrühe	Thymian, Rosmarin, Salz und Pfeffer würzen und weich
	50 ml Weißwein	kochen. Anschließend fein mixen und durch ein Sieb
	20 ml Noilly Prat	streichen. Die aufgelöste Gelatine, Butter und Joghurt
	Knoblauch, Thymian, Rosmarin	hinzugeben und alles gut vermengen. Die Masse in
	Salz und Pfeffer	eine Terrinenform füllen und für mehrere Stunden in
	4 Blätter Gelatine	den Kühlschrank stellen. Anschließend stürzen und
	60 g Butter	schneiden.
	100 g Joghurt	

Gemüserelish	100 g Paprikawürfel, rot	Die Paprika getrennt in kochendem Wasser kurz
	100 g Paprikawürfel, gelb	blanchieren. Mit Chilisauce, Weißweinessig, Salz und
	Süß-saure Chilisauce	Pfeffer mischen und abschmecken.
	Weißweinessig	
	Salz und Pfeffer	

Gebratene Lammwürfel mit Erdnuss-Sauce und Paprika-Ananasgemüse
Tam Kok Kong „Chef Tam"

Zutaten für 4 Personen

Lamm	1 Lammrückenfilet, ca. 1,2 kg Ketchup Manis Salz und Pfeffer Öl zum Braten	Den Lammrücken mit Ketchup Manis einreiben und mit Salz und Pfeffer bestreuen. Kurz von allen Seiten in Öl anbraten, in einen Bräter legen und im vorgeheizten Ofen bei 180 °C etwa 40 Minuten garen. Das Lamm aus dem Ofen nehmen und einige Zeit ruhen lassen, anschließend in Würfel schneiden.
Erdnuss-Sauce	4 Knoblauchzehen Öl zum Braten 400 ml Brühe 4 EL Erdnussbutter 1 Schuss Sojasauce 1 Schuss Chilisauce Salz 1 EL Erdnusspaste	Den Knoblauch abziehen und fein hacken, in Öl anbraten. Mit der Brühe ablöschen. Die Erdnussbutter dazugeben und mit Sojasauce und Chilisauce würzen. Salzen und mit Erdnusspaste verfeinern.
Paprika-Broccoli-Gemüse	2 rote Paprikaschoten 2 gelbe Paprikaschoten 1 Broccoli ½ Salatgurke, nach Belieben Salz und Pfeffer	Die Paprika entstielen und entkernen, den Broccoli und die Salatgurke schälen. Das Gemüse in Dreiecke oder Rauten schneiden und in Öl anbraten. Mit Salz und Pfeffer würzen.

Gefüllte Perlhuhnbrust mit roter Thaicurrysauce, Basmatireis und Chinesischen Pflaumen

Zutaten für 4 Personen

Norbert Kostner

Geflügelfarce	100 g Poulardenbrust oder Hähnchenbrust 100 g Sahne Etwas Portwein Pfeffer und Salz	Die Poulardenbrust oder die Hähnchenbrust klein schneiden und mit der Sahne im Mixer pürieren. Durch ein Sieb passieren und mit Portwein, Salz und Pfeffer abschmecken.
Perlhuhnbrust	4 Perhuhnbrüste 4 EL Geflügelfarce (Rezeptur siehe oben) 1 Handvoll Shiitake-Pilze 1 EL Petersilie, gehackt Einige Geflügelstücke 1 Knoblauchzehe, gehackt Mie de Pain Salz und Pfeffer Butter	Perlhuhnbrüste mit Salz und Pfeffer würzen. Für die Füllung Geflügelfarce, klein geschnittene Shiitake-Pilze, Petersilie, Geflügelstückchen, Knoblauch und Mie de Pain vermengen. Mit Salz und Pfeffer würzen. Die Füllung in die Perlhuhnbrüste geben. Die Brüste bei mittlerer Hitze in der Butter ca. 10 Minuten braten und dann im Ofen bei 80 °C warm stellen.
Thaicurrysauce	10 EL Kokosmilch 1 EL rote Thaicurrypaste 2 EL Wasser 1 EL Fischsauce 1 TL Palmzucker Einige Chinesische Pflaumen (Jujube plums), eingeweicht	Die Kokosmilch mit der Thaicurrypaste erhitzen und mit Wasser ablöschen, die Fischsauce und den Palmzucker unterrühren. Die Pflaumen darin erhitzen.
Dekoration	Gelbe Cherrytomaten	Die Perlhuhnbrüste schräg aufschneiden, mit Thaicurrysauce, Basmatireis, Litschis, blanchiertem Mangold und gelben Cherrytomaten anrichten.

Kabeljaufilet unter einer
Chorizokruste mit Sherry-Jus

Gabriel Kreuther

Kabeljaufilets	4 Kabeljaufilets à 150 g
	1 Eigelb
	Salz und Pfeffer
	Etwas Zitronensaft
	125 g Chorizo, in Scheiben geschnitten
	Öl oder Butter zum Braten

Die Fischfilets abspülen und trocken tupfen. Mit verquirltem Eigelb bestreichen und mit Salz und Pfeffer würzen. Zitronensaft darüber träufeln. Mit den dünnen Chorizoscheiben belegen und diese fest andrücken. Den Kabeljau auf der Hautseite vorsichtig anbraten. Anschließend im Backofen bei 180 °C ca. 10 bis 15 Minuten garen.

Sherry-Jus	Sherry
	1 TL Sherryessig
	100 ml kräftige Geflügelbrühe
	30 g Butter
	Salz und Pfeffer

Den Bratensatz vom Kabeljau mit wenig Sherry ablösen, Sherryessig und Brühe zugeben und etwas einkochen. Zuletzt mit der Butter aufmixen und mit Salz und Pfeffer abschmecken.

Mit weißen Bohnen servieren.

Wachtelterrine mit Apfel-Selleriesalat und Feigen-Walnuss-Chutney

Andreas Krolik

Zutaten für 4 Personen

Wachtelterrine

8 Wachteln
½ Hähnchen, ersatzweise Hähnchenbrüste
1 EL Cognac
1 EL Portwein
1 EL Gin
100 g mageres Kalbfleisch
40 g Morcheln, getrocknet
80 g Butter
120 g Leber (Gänse- oder Putenleber)
2 Eigelb
Salz und Pfeffer
Speck, in dünnen Scheiben
40 Pistazien
40 g Trüffeln

Wachteln entbeinen, Brust nicht zerschneiden, sondern im Stück auslösen. Die Wachtelbrüste in Folie packen und in den Kühlschrank stellen. Die Wachtelkeulen, Hähnchen und Kalbfleisch in eine Marinade aus Cognac, Portwein und Gin geben und 2 Tage darin ziehen lassen. Das Fleisch sollte bedeckt sein. Nach 2 Tagen getrocknete Morcheln waschen und in Wasser quellen lassen, dann herausnehmen. Das marinierte Fleisch ohne die Marinade mit wenig Butter kurz anbraten. Mit einem Schuss Cognac ablöschen. Alles durch den Fleischwolf drehen (feinste Scheibe) und erkalten lassen. 40 g Gänseleber, 2 Eigelb und 80 g Butter in den Mixer geben und unter das Mus mischen. Die Masse durch ein Haarsieb streichen. Mit Salz und Pfeffer abschmecken.

Eine Terrinenform mit Speckstreifen auslegen. Die Hälfte der Masse einfüllen, dabei Trüffelscheiben, Pistazien und Morcheln schichtweise einlegen. Die Wachtelbrüste mit der restlichen Gänseleber (80 g) füllen. Darauf die zweite Hälfte der Masse geben und wieder Pistazien, Morcheln und Trüffeln einarbeiten. Die Terrine mit einer Schicht dünnem Speck abdecken. Den Ofen auf 175 °C erhitzen und eine feuerfeste Schüssel mit Wasser hineinstellen. Terrine bis zum Rand der Füllung ins Wasserbad stellen und ca. 1,5 Stunden pochieren.

Apfel-Selleriesalat

1 Knollensellerie
2 Äpfel
2 EL gehackte Walnüsse
Saft von 1 Zitrone
1 Becher Joghurt
Mayonnaise nach Geschmack
Salz
Zucker

Sellerie schälen, grob zerteilen und in Salzwasser gar kochen. Anschließend in kleine Stücke schneiden. Äpfel schälen, reiben, mit dem Saft der Zitrone beträufeln und mit dem Sellerie mischen. Joghurt, Mayonnaise, Salz und Zucker hinzugeben und vermengen. Zugedeckt eine Stunde ziehen lassen. Walnüsse in einer Pfanne anrösten und vor dem Servieren über den Salat streuen.

Feigen-Walnuss Chutney

500 g frische Feigen
Rot- oder Portwein
50 g gehackte Walnüsse

Feigen klein schneiden und mit dem Rot- oder Portwein einkochen. Zum Schluss die Walnüsse unterrühren.

Rotzunge mit Leipziger Allerlei

Zutaten für 4 Personen

Ralf J. Kutzner

Rotzunge	480 g Rotzungenfilets	Die Rotzungenfilets würzen und im Fischfond pochieren. Die Filets aus dem Fond nehmen und warm stellen. Den Fischfond mit Noilly-Prat und Weißwein auffüllen und auf ein Drittel reduzieren. Die Sahne zugeben und zu einer sämigen Sauce einkochen. Zum Schluss mit den restlichen Zutaten verfeinern.
	250 ml Fischfond	
	125 ml Weißwein	
	50 ml Noilly Prat	
	125 ml Sahne	
	20 g Butter	
	5 g Kerbel, frisch gehackt	
	Salz und Cayennepfeffer	

Leipziger Allerlei

80 g Möhren
80 g Kohlrabi
80 g Zucchini
60 g Salatgurke
60 g grüner Spargel
40 g Staudensellerie
40 g Erbsen
20 g Morcheln
40 g Flusskrebsschwänze
30 g Butter
20 g Krebsbutter

Die Möhren, Kohlrabi, Zucchini und den Staudensellerie in bleistiftdicke Stäbchen schneiden und mit dem restlichen Gemüse kurz in Salzwasser blanchieren.

Flusskrebsschwänze, Morcheln und das Gemüse in zerlassene Butter geben, abschmecken und warm halten.

Grießklößchen

125 g Hartweizengrieß
250 ml Milch
2 Eigelb
Salz und Muskat

Die Milch in einem Topf zum Kochen bringen. Grieß in die Milch einrühren und so lange rühren, bis sich die Grießmasse vom Topfboden löst. Eigelb nach und nach untermengen und würzen. Klößchen abstechen und 15 Minuten in Salzwasser sieden.

Anschließend alle Zutaten in tiefen Suppentellern anrichten, mit der Sauce nappieren und mit flüssiger Krebsbutter beträufeln.

Komposition aus Roter Bete, Tomaten, Roquefort und Meerrettich-Crème

Susur Lee

500 g Fleischtomaten
250 g Roquefortkäse
2–3 Rote Bete
1 Glas geriebener Meerrettich (95 g)
100 g Schmand oder Crème fraîche
½ TL Senfpulver
Zitronensaft
Salz
Etwas Rohrzucker
2–3 Madagaskar-Pfefferkörner

Tomaten entstielen und in Scheiben schneiden. Roquefort zerkrümeln. Rote Bete in Scheiben schneiden. Meerrettich, Schmand oder Crème fraîche und Senfpulver verrühren. Mit Zitronensaft und einer Prise Salz abschmecken.

Alle Zutaten zu einem Turm schichten: erst Tomatenscheiben, dann Käse, etwas Zucker, Rote-Bete-Scheiben, Käse, Zucker, Meerrettich-Crème, Pfefferkörner. Das ganze mit einer Meerrettich-Crème anrichten.

Gebratener Reiskuchen mit Noriblättern und Käse, Mini-Gemüse und Minzsauce

Zutaten für 4 Personen

Rey Lim

Reiskuchen	1 Zwiebel, gewürfelt
	4 EL Butter
	400 g Risottoreis
	100 ml Weißwein
	750 l Gemüsebrühe, heiß
	Salz und Pfeffer
	Einige zerkleinerte Noriblätter
	50 g geriebener Parmesan

Die Zwiebel in 3 Esslöffel Butter andünsten. Den Reis zugeben und unter ständigem Rühren glasig werden lassen. Den Wein zugießen und unter Rühren weitergaren, bis die Flüssigkeit verdampft ist. Etwa drei Schöpfkellen von der Gemüsebrühe zugießen und unter Rühren einköcheln lassen. Dann die restliche Brühe zugeben und bei schwacher Hitze den Reis ausquellen lassen, je nach Reissorte ca. 15 bis 20 Minuten. Kurz vor Ende der Garzeit Noriblätter und Parmesan unter das Risotto heben und 2 bis 3 Minuten mitgaren. Den Topf vom Herd nehmen, die restliche Butter einrühren und mit Salz und Pfeffer würzen. Das Risotto auf einen großen Bogen Alufolie legen und vorsichtig aufrollen. Die Risottorolle abkühlen lassen. Anschließend in Scheiben schneiden und in etwas Butter oder Öl leicht anbraten.

Mini-Gemüse	300 g rote und gelbe Paprika, gewürfelt
	300 g Zucchini, gewürfelt
	Olivenöl zum Braten
	Feigen nach Belieben

Paprika entstielen, vierteln, entkernen und in kleine Stücke schneiden. Von den Zucchini die Enden abschneiden und ebenfalls würfeln. Olivenöl erhitzen und das Gemüse darin gar dünsten.

Minzsauce	250 g Joghurt
	Gemahlener Cumin
	Frische, zerkleinerte Minzblättchen

Die Zutaten miteinander vermengen und an den Reiskuchen geben.

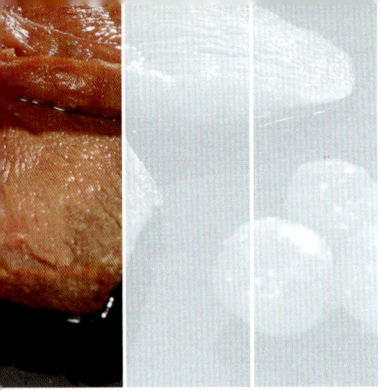

Taubenbrüstchen auf buntem Salat mit Safran-Orangendressing und Kichererbsenmus

Zutaten für 4 Personen

Mario Lohninger

Taubenbrüstchen	8 Taubenbrüste Salz und Pfeffer Öl und Butter zum Braten	Die Taubenbrüste mit Salz und Pfeffer würzen. Etwas Öl und Butter in einer Pfanne erhitzen und die Brüste hineinlegen. Bei sanfter Hitze von allen Seiten anbraten und bei 160 °C etwa 15 Minuten im Ofen garen.
Bunter Salat mit Safran-Orangen-dressing	250 g Blattspinat 250 g Frisée-Salat 2 Schalotten, gehackt 2 Knoblauchzehen, gehackt Olivenöl Salz und Pfeffer Etwas Muskat Zucker Saft von 2 Orangen Weißer Balsamicoessig Safranpulver Salz und Pfeffer Olivenöl	Den Blattspinat gründlich waschen und abtropfen lassen, den Frisée-Salat ebenfalls waschen. Schalotten und Knoblauch abziehen und fein hacken. Olivenöl erhitzen und Schalotten- und Knoblauchwürfel darin anschwitzen. Die Salatblätter zugeben und kurz darin zerfallen lassen. Mit den Gewürzen abschmecken. Für das Dressing Zucker leicht karamellisieren, mit Orangensaft aufgießen und leicht einkochen. Balsamico und Olivenöl unterrühren, Salz, Pfeffer und Safranpulver hinzufügen und vermengen.
Kichererbsenmus	500 ml Gemüsefond 250 g Kichererbsen Einige vorbereitete Kartoffel-, Möhren- und Selleriewürfel Safranpulver Salz und Pfeffer Muskat	Den Gemüsefond erhitzen und die Kichererbsen darin cremig, aber noch bissfest kochen. Gemüsewürfel zugeben. Abgießen und mit dem Pürierstab pürieren. Mit den Gewürzen abschmecken. Nach Belieben mit essbaren Blüten garnieren.

Involtini vom Rind mit Fontinakäse, Eisbergsalat und Rosmarinkartoffeln

Gualtiero Marchesi

Zutaten für 4 Personen

Involtini	20 dünne Scheiben Roastbeef 20 Scheiben Fontinakäse Olivenöl Tomatensauce	Die Roastbeefscheiben flach ausbreiten und mit dem Fontinakäse belegen. Das Ganze zu Rouladen rollen und in Olivenöl anbraten. Den Ansatz mit Tomatensauce auffüllen. Die gefüllten Rouladen in die Sauce geben und kurz erhitzen.
Eisbergsalat	1 Eisbergsalat Olivenöl Salz und Pfeffer Einige Pinienkerne Einige Rosinen 1 Knoblauchzehe	Die Blätter vom Salat lösen, waschen und abtropfen lassen. Die Blätter in mundgerechte Stücke zupfen und in eine Schüssel geben. Etwas Olivenöl über den Salat träufeln. Pinienkerne, Rosinen und eine abgezogene, zerdrückte Knoblauchzehe untermengen. Den Salat durchziehen lassen.
Rosmarinkartoffeln	400 g kleine Kartoffeln, z. B. Bamberger Hörnchen 2 Zweige Rosmarin Meersalz Olivenöl	Die Kartoffeln gründlich waschen und eventuell abbürsten. Kleine Kartoffeln halbieren, größere in kleine Stücke oder Kartoffelecken schneiden. Olivenöl auf ein Backblech geben und die Kartoffelstücke darauf verteilen. Den Rosmarin waschen, die Nadeln abzupfen und klein hacken. Meersalz und Rosmarin über die Kartoffeln streuen. Den Ofen auf 200 °C vorheizen und die Rosmarinkartoffeln darin 25 bis 30 Minuten backen.

Lamm-Medaillons aromatisiert mit Gremolata zu Paprika-Zucchini-Gemüse und Polenta

Zutaten für 4 Personen

Thomas Martin

Lamm-Medaillons

400 g Lammrücken ohne Knochen, pariert
20 ml Olivenöl
Salz und Pfeffer
20 g Zitronenschale
10 g Orangenschale
10 g Knoblauch
20 g Blattpetersilie

Polenta

500 ml Wasser
150 g Maisgrieß, mittelfein
80 g Butter
80 g Parmesan, gerieben
Salz

Lammfleisch in Scheiben à 50 g schneiden und mit Salz und Pfeffer würzen. Anschließend die Stücke von beiden Seiten mit etwas Olivenöl in der Pfanne kurz anbraten. In der Zwischenzeit die restlichen Zutaten fein hacken. Die Lamm-Medaillons mit der Mischung bedecken und im vorgeheiztem Ofen bei 180 °C rosa braten. Dazu empfehlen wir Paprika-Zucchini-Gemüse und Polenta.

In einem großen Topf das Salzwasser zum Kochen bringen und den Maisgrieß in feinem Strahl kontinuierlich einfließen lassen. Die Temperatur des Wassers darf nicht unter den Siedepunkt fallen, weil sich sonst Klumpen bilden können. Würzen und ständig weiterrühren. Den Käse und 40 g der Butter unter die fertig gekochte Polenta rühren, auf einem gebutterten Backblech ca. 2 cm dick ausstreichen und erkalten lassen. Wenn die Masse erkaltet ist, stürzen, in Rauten schneiden und in der restlichen Butter in der Pfanne von beiden Seiten goldbraun anbraten.

Cannelloni von Hobelkäse mit Bärlauch und Tomaten-Oliventapenade

Reto Mathis

Hobelkäse-Cannelloni

12 Cannelloni aus Hobelkäse
(Extrahartkäse, z. B. Berner Alpkäse)
100 g Mascarpone
100 g Frischkäse
Salz und Pfeffer
1 EL frischer Bärlauch

Für die Cannelloni den Käse mit einem Käsehobel in dünne Scheiben hobeln und aufrollen. Mascarpone, Frischkäse, Salz, Pfeffer und Bärlauch zur Füllung vermengen. Die Masse in einen Spritzbeutel ohne Tülle geben. Die Cannelloni damit füllen.

Tomaten-Oliventapenade

150 g schwarze Oliven
4 Tomaten
Olivenöl
Salz und Pfeffer

Oliven und Tomaten im Mixer grob zerkleinern. Dann bei laufendem Gerät in einem dünnen, stetigen Strahl das Olivenöl zugießen. Mit Salz und Pfeffer abschmecken.

Rehrückenfilet in Kräutercrêpe mit Bergpfeffersauce

Zutaten für 4 Personen

Dieter Müller

Crêpeteig	25 g Mehl 50 ml Milch 2 Eier 3 g flüssige Butter 2 g Rosmarin, frisch gehackt 5 g Petersilie, frisch gehackt Prise Salz und Muskat Butter zum Backen	Mehl, Milch Eier und flüssige Butter mixen und passieren. Kräuter hinzufügen und mit Salz und Muskat abschmecken. In der Pfanne Butter zerlassen und eine Crêpe dünn ausbacken, zur Seite stellen und erkalten lassen.
Farce	200 g Geflügelfarce (100 g Geflügelbrust mit 100 ml Sahne püriert) 20 g Blattspinat, fein püriert	Den pürierten Blattspinat unter die Geflügelfarce geben und den gewürzten Rehrücken sowie die Crêpe dünn mit der Farce bestreichen.
Rehrückenfilet	500 g Rehrückenfilet, pariert Salz und Pfeffer	Rehrücken in die Crêpe einrollen. Anschließend im vorgewärmten Ofen bei 160 °C Heißluft ca. 8 Minuten garen.
Bergpfeffersauce	5 g Bergpfeffer 10 g Butter 40 ml Rotwein 200 ml Wildfond (aus dem Glas) 2 g Wacholderbeeren 1 g Thymian, frisch 1 g Rosmarin, frisch 5 g Mondamin 5 ml Portwein, rot	Den Bergpfeffer zusammen mit der Butter, dem Rotwein, dem Wildfond, den Wacholderbeeren und den Kräutern aufkochen und kurz köcheln lassen. Mondamin mit Portwein anrühren und zur Sauce geben. Passieren und mit Salz abschmecken.
Dekoration	4 g Preiselbeeren	Den Rehrücken portioniert auf 4 Tellern mit Preiselbeeren anrichten. Dazu empfehlen wir Rosenkohl.

Bouillabaisse von Nordseefischen

Jörg Müller

800 g gemischte Fischfilets
aus der Nordsee
100 ml Weißwein
500 ml Fischfond
1 g Safran
80 g Karotten
80 g Stangenlauch
80 g Staudensellerie
20 ml Olivenöl
Salz und Pfeffer

Fischfilets säubern, in mundgerechte Stücke schneiden und mit Salz und Pfeffer würzen. In einem Topf Olivenöl erhitzen, das vorbereitete Gemüse darin andüsten und mit Fond und Weißwein ablöschen. Safran hinzugeben, das Ganze leicht köcheln lassen und abschmecken. Die Fischfilets kurz vor dem Servieren in den Fond geben.

Geröstetes Baguette dazu reichen.

Hirschrücken mit Waldorfsalat und Preiselbeeren

Norbert Niederkofler

Hirschrücken	1 kg Hirschrücken Salz und Pfeffer Öl zum Braten	Den Ofen auf 120 °C vorheizen. Den Hirschrücken halbieren, salzen und pfeffern und in einer Pfanne im Öl von allen Seiten kurz anbraten. Das Fleisch auf einem Ofengitter mit untergelegtem Abtropfblech im Backofen in etwa 20 bis 30 Minuten rosa garen.
Waldorfsalat	250 g Äpfel 125 g Knollensellerie 50 g Walnusskerne 1 Eigelb 1 Spritzer Weißweinessig 1 TL Senf Salz und Pfeffer Zucker 70 ml Öl	Die Äpfel schälen, vierteln und entkernen. Den Sellerie schälen. Die Äpfel und den Sellerie grob raspeln. Die Walnusskerne fein hacken. Eigelb, Essig, Senf, Salz, Pfeffer, Zucker und Öl zu einer Mayonnaise verschlagen und mit den Salatzutaten vermengen.
	Preiselbeeren	Den Hirschrücken mit Waldorfsalat und Preiselbeeren anrichten.

Mohn-Rotweinbirne
mit Mandelsahne

Zutaten für 4 Personen

Karl und Rudolf Obauer

	2 Birnen	Birnen schälen, halbieren und das Kerngehäuse entfernen.
	4 Mandeln	
Rotweinsud	100 ml trockener Rotwein	Alle Zutaten in einen Topf geben, erhitzen und die halbierten Birnen im Rotweinsud kurz pochieren.
	300 ml Portwein	
	100 ml Madeira	
	50 g Zucker	
	1 Vanillestange	
	1 Zimtstange	
	5 Nelken	
	10 g Kaffeebohnen	
	15 g Weizenstärke	
Mohnmasse	30 g Marzipan	Die Zutaten verrühren, in einen Spritzbeutel geben, die ausgehöhlten Rotweinbirnen damit füllen und mit einer ganzen Mandel garnieren.
	2 Eigelb	
	10 g Mohn, gemahlen	
	0,4 cl Wasser	Die gefüllten Birnen in eine ofenfeste Form legen, mit etwas Rotweinsud angießen und im vorgeheizten Ofen bei 180 °C braun glasieren. Birnen aus der Flüssigkeit nehmen und trocken stellen.
		Für die Rotweinsauce den restlichen Sud aufkochen und mit der Weizenstärke binden.
Mandelsahne	150 ml Milch	Milch und Marzipan in einen Topf geben, aufkochen und durch ein Spitzsieb gießen. Die Mandelmilch abkühlen lassen und mit Amaretto verrühren. Anschließend die geschlagene Sahne unterheben. Die fertigen Rotweinbirnen mit der Sauce auf Tellern anrichten und mit Mandelsahne, karamellisierten Mandeln und Minzblättern garnieren.
	50 g Marzipan	
	50 ml geschlagene süße Sahne	
	40 ml Amaretto	
Dekoration	10 g Minzblätter	

Maispoulardenbrust im Bananenblatt

Zutaten für 4 Personen

Martha Ortiz Chapa

Poulardenbrust	30 g Knoblauch, frisch gehackt 100 g Zwiebeln, gehackt 50 ml Limettensaft 120 ml Orangensaft 80 g Blattpetersilie, gehackt 100 g Achiote-Paste 25 ml Sojasauce 7 schwarze Pfefferkörner Salz 10 g Geflügelpulver 1 Poulardenbrust	Alle Zutaten zu einer Marinade mischen und die Geflügelbrust damit einreiben. Etwa 2 Stunden im Kühlschrank marinieren. Dann in Öl oder Butter heiß anbraten und mit dem Bratensaft bei 180 °C im Backofen ca. 30 Minuten lang fertig garen. Danach in Streifen schneiden.
Geflügelsauce	400 g Achiote-Paste 80 g brauner Zucker 100 g Geflügelpulver 3 l Geflügelfond 70 ml Orangensaft 30 g Chile Peperonchino 80 g Piloncillo	Alle Zutaten zu einer Sauce verarbeiten.
Zwiebelgemüse	1 l Wasser 200 ml Weißweinessig 700 g rote in Streifen geschnittene Zwiebeln 10 g Geflügelpulver 1 TL Oregano Salz	Wasser und Wein zusammen erhitzen, Zwiebeln und Geflügelpulver zufügen und die Zwiebeln darin garen. Abgießen und mit Oregano abschmecken.
Polenta	500 ml Wasser 150 g Maisgrieß, mittelfein 80 g Butter 80 g Parmesan, gerieben Salz	Salzwasser zum Kochen bringen und den Maisgrieß langsam einrühren. Den Käse und 40 g der Butter unter die fertig gekochte Polenta rühren. Auf einem gebutterten Backblech ca. 2 cm dick ausstreichen und erkalten lassen. Die erkaltete Masse in Rauten schneiden und in der restlichen Butter von beiden Seiten goldbraun anbraten.

Mousse von Waldviertler Graumohn mit Preiselbeerkompott

Helmut Österreicher

150 g weiße Schokolade
2 Eigelb
25 ml Rum
2 Blatt Gelatine
1 Vanilleschote
1 g Zimt
50 g Mohn
50 ml Milch
250 ml Sahne
200 g Preiselbeerkompott

Die Schokolade im Wasserbad schmelzen. Gelatine im kalten Wasser einweichen. Den Mohn mit der Milch übergießen, die Vanilleschote auskratzen und zusammen mit dem Zimt der Mohnmasse hinzufügen. Dann die Gelatine mit dem Rum erwärmen und mit der geschlagenen Sahne, dem im warmen Wasserbad aufgeschlagenen Eigelb, der Schokolade und der Mohnmasse zu einer Mousse verarbeiten. Das Ganze kalt stellen. Die Mousse auf einen Teller stürzen und mit Preiselbeerkompott anrichten.

Schokoladen-Moelleux mit Paprika-Himbeermark

Zutaten für 4 Personen

Anne-Sophie Pic

Schokoladenbiskuit

30 g Kuvertüre (70 %)
30 g weiche Butter (nicht geschmolzen)
15 g Zucker
2 Eigelb
40 g Mehl
½ TL Backpulver
2 Eiweiß
20 g Zucker

Eine eckige Kuchenform gut ausbuttern und bemehlen. Kuvertüre klein hacken und im Wasserbad auflösen. Butter, Zucker und Eigelb zu einem dicken, weißen Schaum schlagen. Mehl und Backpulver mischen. Eiweiß mit dem Zucker steif schlagen. Die warme Kuvertüre in die Butter-Eigelb-Masse rühren. Das Mehl hineinsieben, unterrühren und zum Schluss das Eiweiß unterheben. Alles in die vorbereitete Form füllen und glatt streichen. Bei 180 °C (vorgeheizt, Umluft, mittlere Schiene) ca. 15 bis 20 Minuten backen. Ein Holzstäbchen in die Mitte stecken, muss beim Rausziehen sauber bleiben.
Kurz abkühlen lassen, aus der Form schneiden und komplett auskühlen lassen.

Schokoladencanache für die Füllung

220 g Sahne
50 g Zuckersirup
200 g sehr dunkle Kuvertüre
400 g Sahne

Sahne (220 g) mit Zuckersirup in einem Topf kurz aufkochen. Den Topf vom Herd nehmen, die Kuvertüre darin auflösen und mit der restlichen Sahne (400 g) auffüllen. Über Nacht in den Kühlschrank stellen. Am nächsten Tag die Crème mit einem Handmixer schaumig schlagen und auf den Schokoladenbiskuit streichen. Anfrieren, bis die Masse schnittfest ist und in 8 x 2 cm große Balken schneiden.

Glasur

200 g Sahne
100 g Nougat
100 g dunkle Schokolade

Sahne aufkochen, Nougat und Schokolade darin auflösen. Solange abkühlen lassen, bis die Masse handwarm, aber noch flüssig ist und die Schokoladenbalken gleichmäßig damit überziehen.

Paprika-Himbeermark

100 g Himbeeren
50 g rote Paprika, enthäutet
10 ml Kirschwasser
80 g Aprikosenkonfitüre
2 g Gelatine

Himbeeren, Paprikafilets und Aprikosenkonfitüre pürieren, bis eine glatte Masse entsteht, durch ein Sieb in einen Topf streichen und aufkochen. Die Gelatine darin auflösen, mit Kirschwasser abschmecken und alles rasch abkühlen lassen.

Gespickter Seeteufel auf sizilianischem Auberginenragout

Zutaten für 4 Personen

Cornelia Poletto

Seeteufel	4 Seeteufelfilets à 120–150 g Salz 4 Knoblauchzehen 2 Zweige Rosmarin Olivenöl zum Braten	Die Filets mit Salz bestreuen. Die Knoblauchzehen abziehen und in Stifte schneiden. Die Rosmarinzweige zerteilen. Die Filets mit Knoblauch und Rosmarin spicken und in Olivenöl anbraten. Im Backofen bei 180 °C ca. 15 Minuten garen.
Auberginenragout	2 Auberginen 2 Stangen Staudensellerie 4 Tomaten Einige Schalotten 2 Knoblauchzehen Salz und Pfeffer 30 g Pinienkerne Einige grüne Oliven, gehackt 1 Schuss Rotweinessig Olivenöl Einige Kapernäpfel	Von den Auberginen die Stängelansätze entfernen und die Auberginen in Scheiben schneiden. Vom Stauden-sellerie die harten Außenfäden abziehen und in Stücke schneiden. Tomaten entstielen und vierteln. Schalotten und Knoblauch abziehen, evtl. halbieren. Das Gemüse auf ein Backblech legen, mit etwas Olivenöl beträufeln, mit Salz und Pfeffer würzen und unter dem Grill des Backofens bräunen. Das Gemüse mit Pinienkernen und Oliven mischen und mit Rotweinessig und Olivenöl abschmecken. Es sollte eine leicht säuerliche Note haben. Dazu Basilikumöl reichen.
Basilikumöl	1 Handvoll Basilikumblätter Olivenöl	1 Handvoll Basilikumblätter blanchieren, abschrecken und mit Olivenöl fein mixen.

Torrone-Crème

Saverio Pugliese

2 Eigelb
50 g Zucker
150 g Torrone (weißer Nougat)
100 g weiße Schokolade
200 g geschlagene Sahne
4 Blatt Gelatine

Eigelb mit Zucker aufschlagen, Torrone und weiße Schokolade fein hacken und unterheben. Die geschlagene Sahne unterheben und die aufgelöste Gelatine unterrühren.

Die Masse auf vier Förmchen aufteilen und einige Stunden kalt stellen.

Orangentörtchen
mit Orangenmousse

Gérard Rabaey

Orangentörtchen	4 Orangen Läuterzucker	Die Orangen schälen, in dünne Scheiben schneiden und in Läuterzucker blanchieren. Das Ganze abtropfen lassen und die Scheiben halbieren.
Orangenmousse	3 Blatt Gelatine 3 Eigelb 125 g Zucker 1 EL Orangenpaste (Fruchtmus) 500 g Sahne	Die Gelatine in kaltem Wasser einweichen. Das Eigelb mit Zucker aufschlagen. Orangenpaste unterrühren. Die Gelatine tropfnass bei milder Hitze auflösen, mit der Masse verrühren und kalt stellen. Die Sahne steif schlagen und unter die Mousse geben. Die Mousse in eine Kuppelform füllen und einige Stunden kalt stellen. Von der festen Mousse eine größere Nocke abstechen und fächerförmig mit Orangenhälften belegen.

Nach Geschmack mit etwas heißer Orangen-marmelade abglänzen.

Simmertaler Kalbshaxe auf Kürbisgemüse und Quarkgnocchi

Manfred Roth

Zutaten für 4 Personen

Kalbshaxe	1 Kalbshaxe, ca. 1 kg ohne Knochen Salz und Cayennepfeffer	Das Fleisch entsehnen. Mit Salz und Cayennepfeffer würzen. Die Haxe in einen Bratschlauch legen und bei 175 °C etwa 1 Stunde im Backofen garen. Zum Schluss die Haxe im Bratensaft wenden.
Kürbisgemüse	1 kg Kürbis 30 g Butter 500 ml Gemüsebrühe Salz und Pfeffer Frischer Ingwer, ca. 1 cm Etwas Orangensaft 2 EL Petersilie, gehackt 2 mittelgroße Zucchini 2 gelbe Paprika Etwas Olivenöl	Den Kürbis in Spalten schneiden, schälen, Kerne und Innenfasern entfernen. Das Fruchtfleisch in Stifte schneiden. Paprika entkernen, in kleine Stücke schneiden, Zucchini ebenfalls klein schneiden. Die Butter zerlassen und den Kürbis unter Rühren andünsten. Die Brühe zugießen und aufkochen. In der Zwischenzeit die Paprika und die Zucchini in etwas Olivenöl anbraten, aber nicht bräunen. Den Kürbis in etwa 10 Min. weich garen und kurz vor Ende der Garzeit das restliche Gemüse zugeben. Alles abgießen, mit Salz, Pfeffer und geriebenem Ingwer würzen, den Orangensaft zugeben und zum Schluss die Petersilie unterheben.
Quarkgnocchi	1 Ei 1 Eigelb 150 g Magerquark 2 EL Mehl 3 EL Grieß 2 EL Butter	Das Ei und das Eigelb verquirlen, den Quark unterrühren. Mehl und Grieß mischen und unter die Quark-Ei-Masse rühren. Den glatten Teig etwa 30 Minuten ruhen lassen. Mit einem Teelöffel kleine Klöße abstechen und mit einer Gabel flach drücken. Die Gnocchi 5 Minuten leicht in Salzwasser köcheln lassen, herausnehmen, kalt abschrecken und in einem Sieb abtropfen lassen.

Spitzkohlwickel mit Entenkeule und Schalotten in Kubeben-Pfeffer-Jus

Harald Rüssel

Zutaten für 4 Personen

Entenkeulen	1 Spitzkohl	4 große Blätter vom Spitzkohl lösen, in kochendem Salzwasser blanchieren und in Eiswasser abschrecken. Jeweils den Strunk aus den Blättern herausschneiden. Den restlichen Spitzkohl in feine Streifen schneiden, in etwas Öl anbraten und mit Salz und Pfeffer würzen. Schalotten abziehen und in etwas Öl glasig schmoren. Entenkeulen mit Salz und Pfeffer würzen. Wurzelgemüse schälen und würfeln. Entenkeulen, Gemüse und restliche Zutaten in einen Bräter geben und im Ofen bei 200 °C weich schmoren. Das Fleisch von den Keulen lösen und zusammen mit den geschmorten Schalotten in die vorbereiteten Spitzkohlblätter einwickeln. Eventuell mit Schnittlauchhalmen zubinden.

Entenkeulen

- 1 Spitzkohl
- Öl zum Braten
- Salz und Pfeffer
- 200 g Schalotten
- 4 Entenkeulen
- 500 g Wurzelgemüse
- Einige Piment- und Korianderkörner
- Etwas Sternanis
- 2 Thymianzweige
- 1–2 Knoblauchzehen, zerdrückt
- 1 EL Tomatenmark
- 100 ml Rotwein
- 400 ml Geflügelfond
- 1 Bund Schnittlauch nach Belieben

4 große Blätter vom Spitzkohl lösen, in kochendem Salzwasser blanchieren und in Eiswasser abschrecken. Jeweils den Strunk aus den Blättern herausschneiden. Den restlichen Spitzkohl in feine Streifen schneiden, in etwas Öl anbraten und mit Salz und Pfeffer würzen. Schalotten abziehen und in etwas Öl glasig schmoren. Entenkeulen mit Salz und Pfeffer würzen. Wurzelgemüse schälen und würfeln. Entenkeulen, Gemüse und restliche Zutaten in einen Bräter geben und im Ofen bei 200 °C weich schmoren. Das Fleisch von den Keulen lösen und zusammen mit den geschmorten Schalotten in die vorbereiteten Spitzkohlblätter einwickeln. Eventuell mit Schnittlauchhalmen zubinden.

Pfeffer-Jus

- 1 Zwiebel
- Öl
- 100 ml Portweinwein
- 1 EL Balsamicoessig
- 250 ml Bratensaft von den Entenkeulen
- 20 Kubenen-Pfefferkörner
- 1 Lorbeerblatt
- 2 Nelken
- 2 Petersilienzweige
- 80 g Butter

Die Zwiebel schälen und fein hacken. In etwas Öl glasig dünsten. Mit Portwein, Balsamicoessig und Bratensaft ablöschen. Die Pfefferkörner grob zerdrücken und zugeben. Lorbeerblatt, Nelken und Petersilienzweige dazu geben. Alles bei großer Hitze einkochen lassen. Durch ein Sieb passieren, dabei die Rückstände gut auspressen.

Polentabrei

- 30 g Butter
- Salz, weißer Pfeffer
- 100 g feiner Polentagrieß (Maisgrieß)
- 100 g geriebener Parmesan

500 ml Wasser mit Butter und Salz zum Kochen bringen. Den Polentagrieß langsam einrühren. Den Topf vom Herd nehmen und den Brei zugedeckt ca. 15 Minuten quellen lassen. Dann gründlich durchrühren, Parmesan unterheben und mit Salz und Pfeffer abschmecken.

Katalanisches Fischragout mit Safrankartoffeln und wildem Spargel

Santi Santamaria

Zutaten für 4 Personen

| **Fischragout** | 500 g Rotbarbe oder Dorade, portioniert | Den Fisch in gleich große Stücke schneiden, auf |

Fischragout

500 g Rotbarbe oder Dorade, portioniert
5 cl Olivenöl
50 g feine Zwiebelwürfel
240 g Kartoffeln in Scheiben
½ l Fischfond
3 Tomaten, gewürfelt
1 g Safranfäden
12 Frühlingszwiebeln
10 g Knoblauch
10 g Blattpetersilie
10 g geröstete Mandeln
Salz und Pfeffer

Den Fisch in gleich große Stücke schneiden, auf beiden Seiten salzen und pfeffern. Die Fischstücke in einer ofenfesten Form kurz beidseitig in Olivenöl braten und herausnehmen. Zwiebelwürfel und Kartoffeln zugeben und mit Fischfond auffüllen. Tomaten, Safranfäden und Frühlingszwiebeln hinzugeben und alles langsam reduzieren lassen. Knoblauch, Blattpetersilie und Mandeln zusammen fein pürieren und unter den Safranfond geben. Zum Schluss den gebratenen Fisch hinzufügen und bei milder Hitze fertig garen.

Wilder Spargel

500 g wilder Spargel

Den Spargel ganz kurz blanchieren, abschütten und mit Eiswasser abschrecken.

Den Spargel auf dem Teller anrichten und das Fischragout mit der Sauce darüber geben.

Maispoulardensalat mit Pistazien und Granatapfelkernen

Zutaten für 4 Personen

Nadia und Antonio Santini

Maispoulardensalat	480 g Maispoulardenbrust ohne Knochen
	50 g Lauch
	50 g Zwiebeln
	50 g Möhren
	50 g Staudensellerie
	2 l Wasser
	Salz und Pfeffer

Lauch, Zwiebeln und Möhren würfeln, den Staudensellerie in Streifen schneiden. Das Wasser erhitzen, zuerst Salz und Pfeffer, danach das Gemüse hinzugeben. Die vorbereitete Poulardenbrust in den Gemüsefond geben und schonend blanchieren. Anschließend in der Flüssigkeit erkalten lassen. Die gegarte Poulardenbrust herausnehmen, in gleichmäßige Streifen zupfen und zurück in die Flüssigkeit geben.

Marinade	1 Orange, unbehandelt
	1 Zitrone, unbehandelt
	10 g Pinienkerne
	15 g Pistazien
	30 g Sultaninen

Die Orangen- und Zitronenschale in Zesten schneiden und den Saft ausdrücken. Pinienkerne und Pistazien grob hacken und alle Zutaten zusammen mit den Poulardenstreifen in die Marinade geben. Die Mischung über Nacht ziehen lassen.

Dekoration	50 g Möhren, gewürfelt und blanchiert
	50 g Granatapfelkerne
	60 g Senffrüchte
	40 ml Balsamico, reduziert
	40 g Feldsalat

Die marinierten Poulardenstreifen in die Tellermitte geben. Mit den restlichen Zutaten und dem Feldsalat garnieren.

Wildreisgaletten mit Bohnengemüse, Artischocken und Schnittlauchpesto

Guy Savoy

Zutaten für 4 Personen

Wildreisgaletten	60 g Basmatireis
	130 g Wildreis
	50 g Möhren
	50 g Stangenlauch
	150 g Eigelb
	Salz und Pfeffer
	30 ml Olivenöl zum Braten

Den Basmatireis in einem Sieb gründlich waschen und zugedeckt auf kleinster Stufe 10 Minuten köcheln lassen. Den Reis vom Herd nehmen und 20 Minuten im zugedeckten Topf stehen lassen. Den Wildreis in reichlich kaltem Wasser einweichen und in Salzwasser weich kochen. Möhren und Lauch waschen, schälen, in feine Würfel schneiden und anschließend in Salzwasser kurz blanchieren. Den gekochten Basmati- und Wildreis zusammen mit den vorbereiteten Gemüsewürfeln und dem Eigelb vermengen. Mit Salz und Pfeffer abschmecken. Galetten formen und in der Pfanne von beiden Seiten mit etwas Olivenöl anbraten.

Gemüse	120 g Artischockenböden oder
	wahlweise Artischocken mit Stiel
	120 g Bohnen, weiß
	120 g Bohnen, grün
	100 g Tomatenwürfel
	20 ml Olivenöl
	Salz und Pfeffer

Das Gemüse waschen, schneiden und getrennt al dente garen. Das vorbereitete Gemüse und die Tomaten mit Olivenöl in einer Pfanne anrösten, abschmecken und warm stellen.

Schnittlauchpesto	70 ml Olivenöl
	30 g Schnittlauch
	Salz

Olivenöl mit kleingeschnittenem Schnittlauch in einer Küchenmaschine fein mixen, anschließend mit Salz abschmecken. Die Wildreisgaletten mit dem Gemüse auf vorgewärmten Tellern anrichten und das Schnittlauchpesto zufügen.

Avocado-Paradeiser-Tartar
mit Frischkäse und Kürbiskernöl

Zutaten für 4 Personen

Martin Sieberer

Tartar	50 g Avocado, gewürfelt
	10 ml Limonensaft
	125 g Frischkäse
	125 g Hüttenkäse
	50 g Tomaten, gewürfelt
	50 g QuimiQ
	5 g Kerbel, frisch, gehackt
	5 g Koriandergrün, gehackt
	1 Prise Zucker
	1 Prise Salz und Pfeffer
	1 ganze Avocado

Die reife Avocado mit Limonensaft marinieren, QuimiQ im warmen Wasserbad glatt rühren und die restlichen Zutaten bis auf die Tomatenwürfel einrühren. Die Avocado gut abtropfen lassen und unter die Tomatenwürfel heben und abschmecken. Die ganze Avocado schälen, den Kern vorsichtig entfernen und längst vier möglichst große, ca. 5 Millimeter dicke Scheiben schneiden. Entweder in Ringförmchen oder in quadratische Förmchen abwechselnd Tartar und auf die Größe der Form zugeschnittene Avocadoscheiben schichten und kalt stellen.

Tomate	1 Tomate
	20 ml Olivenöl
	5 g Thymian, frisch
	5 g Rosmarin, frisch
	2 g Knoblauch, gehackt
	500 ml Wasser
	Je eine Prise Salz und Pfeffer

Tomate kurz in kochendem Wasser blanchieren, bis sich die Haut löst. Unter kaltem Wasser abschrecken, pellen, vierteln und entkernen. Alle restlichen Zutaten in einen kleinen Topf geben und im Ofen bei 160 °C ca. 45 Minuten garen. Erkalten lassen. Tomaten vor dem Anrichten aus dem Öl nehmen.

Dekoration	50 ml Kürbiskernöl

Avocado-Paradeiser-Tatar aus den Ringförmchen lösen und jeweils in der Tellermitte platzieren. Tomatenspalten darauf legen und mit Kürbiskernöl beträufeln.

Kaninchenterrine mit Gurken-Relish und Senfsauce

Chris Staines

Zutaten für 4 Personen

| **Kaninchenterrine** | Grob zerteiltes Kaninchenfleisch (von Brust und Schulter)
1 l Wasser
100 ml Olivenöl
300 ml Weißwein
50 g Salz
Lorbeerblätter
Je 1 Rosmarin- und Thymianzweig
1–2 Knoblauchzehen
Einige schwarze Pfefferkörner
30 ml Cognac
50 ml Rotwein | Das Kaninchenfleisch in eine Terrine legen. Aus den übrigen Zutaten eine Marinade aufkochen und über das Fleisch gießen. 24 Stunden marinieren.
Die Marinade abgießen, Cognac und Rotwein zugeben und die Terrine bei 85 °C im Wasserbad im Backofen etwa 25–30 Minuten garen. |

| **Gurken-Relish** | 2 Salatgurken
2 rote Zwiebeln
4 EL fein gehacktes Koriandergrün
Saft von 2 Limetten
1–2 TL Zucker oder Honig
Salz und Pfeffer | Gurken längs halbieren, die Kerne herausschaben und das Fruchtfleisch in kleine, feine Würfel schneiden. Zwiebeln abziehen und fein hacken. Gurken, Zwiebeln, Koriandergrün, Zucker (oder Honig) vermengen, mit Salz, Pfeffer und Limettensaft abschmecken und ca. 1,5 Stunden ziehen lassen. |

| **Senfsauce** | 250 g Crème fraîche
2 EL Dijon-Senf
1 Prise Zucker
Salz und Pfeffer
Frische Korianderblätter | Alle Zutaten zu einem Dip verrühren. |

Eifler Reh-Sauerbraten

Zutaten für 4 Personen

Hans Stefan Steinheuer

Reh-Sauerbraten	1 kg Rehfleisch von Schulter oder Keule
	1 EL Tomatenmark
	2 EL Rübenkraut
	2 EL Apfelkraut
	2 Scheiben Schwarzbrot, zerkleinert
	50 ml Öl zum Braten
	1 TL Speisestärke
	Salz und Pfeffer
Marinade	1 Möhre, gewürfelt
	100 g Sellerie, gewürfelt
	2 Zwiebeln, gewürfelt
	1 Flasche Spätburgunder von der Ahr
	0,1 l Rotweinessig
	1 EL Pfefferkörner, schwarz
	1 EL Senfkörner
	1 EL Wacholderbeeren
	2 Lorbeerblätter
	1 Nelke
	1 Zweig Thymian
	2 Knoblauchzehen

Das Rehfleisch mit den Marinadezutaten übergießen und sieben Tage einlegen. Am achten Tag das Rehfleisch mit der Marinade durch ein Sieb gießen und den Sud und das Gemüse aufbewahren. Das Fleisch salzen, leicht pfeffern und in Öl anbraten. Gemüse und Gewürze der Marinade zugeben und alles gut Farbe annehmen lassen. Mit Tomatenmark, Rübenkraut und Apfelkraut anrösten, Schwarzbrot zugeben und mit der Marinadenflüssigkeit nach und nach ablöschen. Das Ganze ca. 1,5 bis 2 Stunden köcheln lassen. Anschließend prüfen, ob es gar ist. Die Sauce eventuell noch etwas einköcheln lassen, abschmecken und mit etwas Stärke binden. Anschließend die Sauce fein passieren und das Fleisch wieder einlegen.
Den Rehsauerbraten geschnitten auf Tellern anrichten.

Als Beilage empfehlen wir Kartoffelklöße und Wirsing, zur Dekoration eignen sich Mandelblättchen.

Feine Erbsencrèmesuppe mit Ricotta-Klößchen

Luisa Valazza

Erbsencrèmesuppe	2–3 Schalotten 20 g Butter 450 g frische oder TK-Erbsen Geflügelfond Weißwein 100 g Sahne 125 g Crème fraîche Muskat Salz, Pfeffer und Zucker	Schalotten abziehen und fein würfeln. Butter zerlassen, Schalotten und Erbsen darin anschwitzen. Mit einem Schuss Geflügelfond und Weißwein ablöschen. Sahne, Crème fraîche, Muskat, Salz und Pfeffer zugeben. Das Ganze pürieren und mit einer Prise Zucker abschmecken.
Ricotta-Klößchen	80 g Ricotta 2 Eigelb 20 g Mie de Pain 20 g Mehl Salz und Pfeffer	Ricotta und Eigelb gründlich verrühren, Mie de Pain und das Mehl unterheben. Die Klößchenmasse mit Salz und Pfeffer abschmecken. Aus der Masse mit einem Kaffeelöffel kleine Klößchen ausstechen und diese in kochendem Salzwasser ca. 10 Minuten garen.

Lammrücken mit Trompetenpilzen in Rosmarin-Jus

Zutaten für 4 Personen

Jean-Georges Vongerichten

Lammrücken
500 g Lammrücken
100 g getrocknete Trompetenpilze
2 Eier
50 g Mehl zum Bestäuben
50 ml Olivenöl
Salz und Pfeffer

Sauce
½ l Lammfond
10 g frischer Rosmarin

Pilze
60 g Shiitake- oder andere frische Pilze, klein geschnitten
5 g Blattpetersilie
30 g Butter
Salz und Pfeffer

Ofen auf 260 °C vorheizen. Lammfleisch in Scheiben à 125 g schneiden.

Getrocknete Pilze in einer Gewürz- oder Kaffeemühle fein mahlen. Die mit Salz und Pfeffer aufgeschlagenen Eier in eine Schüssel und das Mehl auf einen Teller geben. Das Lammfleisch leicht in Mehl, danach in Ei-Masse und gemahlenen Pilzen wenden. Pilze fest andrücken, sodass eine dicke Kruste entsteht.

Den Lammfond mit Rosmarin in einem Topf zum Kochen bringen, auf ein Drittel reduzieren und durch ein Sieb passieren.

In der Zwischenzeit Butter in einer Pfanne erhitzen und die frischen Pilze hinzugeben. Etwa 10 Minuten sautieren und gelegentlich umrühren, bis die Pilze gar sind. Anschließend mit Petersilie, Salz und Pfeffer würzen.

Olivenöl in einer ofenfesten Form auf mittlerer Hitze eine Minute lang erwärmen. Das Lammfleisch darin 2 Minuten lang auf einer Seite anbraten, wenden und im vorgeheizten Ofen 3 bis 4 Minuten rosa braten – oder länger, wenn es durchgebraten sein soll.

Nach Belieben mit Lauchpüree servieren.

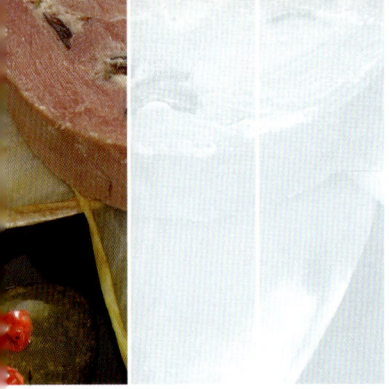

Entengalantine mit geschmortem Chicorée und Orangen-Pfeffersauce

Mike Wehrle

Zutaten für 4 Personen

Entengalantine	1 gegarte Ente à 2 kg 150–200 g Trompetenpilze 50 g Pistazien Salz und Pfeffer Geflügelfond	Das Fleisch von der Ente lösen, einige Teile grob zerkleinern, die anderen zu einer Geflügelfarce (Zubereitung siehe unten) verarbeiten. Mit klein geschnittenen Trompetenpilzen und gehackten Pistazien vermengen. Mit Salz und Pfeffer würzen. Das Ganze dann auf die ausgebreitete Geflügelhaut legen, länglich formen und mit Küchengarn zunähen. Die Masse in ein Tuch binden und im Geflügelfond weich kochen. Im Sud langsam erkalten lassen, vor dem vollständigen Erkalten noch leicht pressen, dann aus dem Tuch nehmen. Von allen Seiten braun anbraten.
Geflügelfarce	Grob zerkleinerte Stücke der Ente (s. o.) 1 Ei 40 g Butter Salz, Pfeffer 160 ml Sahne	Entenfleisch würfeln und unter Zugabe von Ei, Butter, Pfeffer und Salz pürieren. Die Sahne zugeben und zu einer glatten Farce verrühren. Abschmecken und durch ein Sieb streichen.
Geschmorter Chicorée	4 Köpfe Chicorée 50 g Butter Salz	Chicorée abbrausen und den Strunk herausschneiden. Chicorée in einen flachen Topf nebeneinander legen, der knapp zur Hälfte mit gesalzenem Wasser gefüllt ist. Etwa die Hälfte der Butter über dem Chicorée verteilen und ca. 20 Minuten zugedeckt bei leichter Hitze köcheln lassen, bis der Chicorée fast butterweich ist. Dann den Deckel vom Topf nehmen, die Hitze erhöhen, damit die Flüssigkeit vollständig verdampft. Jetzt die restliche Butter zugeben und den Chicorée von allen Seiten gleichmäßig bräunen.
Orangen-Pfeffersauce	1 EL Zucker Saft von 3 Orangen 1 Schuss Whisky 1 EL bittere Orangenmarmelade 4 TL eingelegter, rosa Pfeffer 1 Prise Cayennepfeffer	Den Zucker karamellisieren und mit dem Orangensaft ablöschen. Den Whisky zugeben und die Marmelade unterrühren. Den rosa Pfeffer und den Cayennepfeffer zugeben. Das Ganze dickflüssig halten.

Perlhuhnragout mit tourniertem Gemüse und Semmelknödeln

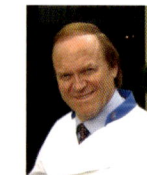

Heinz Winkler

Zutaten für 4 Personen

Perlhuhnragout mit Gemüse	1 Perlhuhn
	150 g Kartoffeln
	150 g Möhren
	150 Kohlrabi
	150 g Zucchini
	30 ml Olivenöl
	1 EL Tomatenmark
	200 ml Rotwein
	300 ml Geflügelfond

Brust und Keulen des Perlhuhns in grobe Stücke schneiden. Kartoffeln, Möhren und Kohlrabi schälen und tournieren, also in gleich große Form schneiden. Perlhuhn und Gemüse in Olivenöl anbraten, leicht tomatisieren und mit Rotwein, Geflügelfond aufgießen und etwa 60 Minuten leicht köcheln lassen.

Semmelknödel	2 Zwiebeln
	50 g Speckwürfel
	20 g Butter
	300 g alte Brötchen
	300 ml Milch
	30 g Butter
	4 Eier
	2 EL gehackte Petersilie
	Salz

Zwiebeln schälen und fein hacken, mit den Speckwürfeln in der Butter anbraten. Die Brötchen würfeln, die Milch mit der Butter erhitzen und darüber gießen. Die Zwiebel-Speckmasse zugeben. Die Zutaten gut verrühren und mit den Eiern verschlagen. Unter die abgekühlte Masse Petersilie und Salz rühren. Aus der Masse kleine Klöße formen und in Salzwasser einige Minuten gar ziehen lassen. Sie sind gar, wenn sie an der Wasseroberfläche schwimmen.

Heilbutt mit Garnelensoufflé auf Couscous im Krustentierfond und Kaffir-Limonensauce

Zutaten für 4 Personen

Joachim Wissler

Heilbutt mit Garnelensoufflé	4 Heilbuttfilets à 100 g Limonensaft 5 Riesengarnelen 30 ml Noilly Prat Salz Cayennepfeffer 80 g flüssige Sahne 40 g geschlagene Sahne	Die Garnelen zerkleinern, mit Salz, Cayennepfeffer, Limonensaft und Noilly Prat marinieren und mit flüssiger Sahne fein pürieren. Anschließend die geschlagene Sahne unterheben, abschmecken und auf die Heilbuttfilets streichen. Die bestrichenen Heilbuttfilets in einer gebutterten Form mit etwas Weißwein und Fischfond im vorgeheizten Backofen bei 200 °C 6 bis 8 Minuten dünsten.
Kaffir-Limonensauce	0,7 l Fischfond 2 El Olivenöl ½ Zwiebel ½ Fenchelknolle 6 Kaffir-Limonenblätter 150 ml Crème double Saft von einer ½ Limone 50 ml Noilly Prat 100 ml trockener Riesling Salz und Cayennepfeffer	Die zerkleinerten Zwiebeln, den Fenchel und die Kaffir-Limonenblätter in Olivenöl anschwitzen, mit Weißwein, Noilly Prat und Limonensaft ablöschen und danach mit Fischfond aufgießen. Auf ⅓ einkochen lassen und passieren, Crème double hinzufügen und nochmals einkochen. Anschließend mit Salz und Cayennepfeffer abschmecken.
Krustentier-Couscous	100 g Couscous 2 Knoblauchzehen Krebsbutter 40 g Butter 40 g Möhren, gewürfelt 40 g Sellerie, gewürfelt 40 g Kohlrabi, gewürfelt 0,3 l Krustentierfond	Die Gemüsewürfel mit etwas Knoblauch in Butter anschwitzen. Couscous hinzugeben, mit Krustentierfond aufgießen, einmal aufkochen lassen und im geschlossenen Topf 10 Minuten am Herd quellen lassen. Zum Schluss Krebsbutter unterheben und abschmecken.

Soufflierte Maibock-Medaillons mit Wildpfeffersauce, Selleriepüree und Apfelspalten

Zutaten für 4 Personen

Harald Wohlfahrt

Maibock-Medaillons

400 g Maibockrücken, pariert
100 ml Sahne
10 ml Speiseöl
5 g Zitronenthymian, fein gehackt
5 g Blattpetersilie, fein gehackt
Eine Prise Pastetengewürz
Salz und Pfeffer

Den Rücken in Medaillons à 80 g schneiden und für die Farce ein Stück zur Seite legen, würfeln und kühl stellen. Gewürfeltes Fleisch mit Sahne und Pastetengewürz im Mixer solange pürieren, bis es streichfähig ist. Die gehackten Kräuter in die Masse geben und abschmecken. Restliche Medaillons mit der Handfläche etwas andrücken würzen, in Speiseöl kurz anbraten und abkühlen lassen und mit dem pürierten Fleisch bestreichen. Bei 180 °C für ca. 8 bis 10 Minuten rosa garen.

Wildpfeffersauce

50 ml Madeira
50 ml Portwein
50 ml Rotwein
200 ml Wildbrühe
100 ml Sahne
30 g Butter
20 g grüner Pfeffer
10 ml Cognac
Salz und Pfeffer

Madeira, Portwein und Rotwein zusammen mit der Wildbrühe in einen Topf geben und auf die Hälfte reduzieren. Anschließend mit Sahne aufgießen, würzen und etwas einkochen. Mit grünem Pfeffer und Cognac verfeinern und mit der kalten Butter aufschäumen.

Selleriepüree

400 g Knollensellerie, geschält
200 ml Sahne
40 g Butter
1 Zitrone
Salz und Pfeffer

Das Gemüse würfeln und in Salzwasser mit Zitronensaft weich kochen. Gut abtropfen lassen und im Anschluss die Sahne reduzieren. Wenn die Sahne sämig ist, den Sellerie hinzugeben und kurz ziehen lassen. Im Mixer gut pürieren, die Butter unterrühren und mit Salz und Pfeffer abschmecken.

Apfelspalten

2 Granny-Smith-Äpfel
100 ml Weißwein
50 g Zucker
30 g Butter

Die Äpfel mit der Schale in Spalten schneiden und entkernen. Zucker, Butter und Weißwein einkochen, bis sich eine dickflüssige Konsistenz bildet. Die Äpfel zugeben und glasieren, bis sie gar sind.

Springbockrücken in einer Sauerkirschkruste zu Pinotage-Jus und Polenta

Zutaten für 4 Personen

Frank Zlomke

Springbock	400 g Springbockrücken, pariert 10 ml Olivenöl Salz und Pfeffer	Den parierten Rücken in gleich große Medaillons schneiden, würzen und von beiden Seiten mit etwas Olivenöl in der Pfanne kurz anbraten.
Sauerkirschkruste	200 g Sauerkirschen, entsteint 30 ml Portwein, rot 10 ml Rotwein 20 g brauner Zucker 60 g geriebenes Weißbrot 10 g Butter 1 g Zimt	Den braunen Zucker in der Pfanne karamellisieren. Die Sauerkirschen hinzugeben und mit Rotwein und Portwein ablöschen. Zimt hinzufügen und reduzieren. In kaltem Zustand die restlichen Zutaten hinzugeben und fein mixen. Die abgekühlten Medaillons einzeln mit der Sauerkirsch-masse bestreichen, auf ein Backblech geben und im vorge-heizten Ofen bei 180 °C für 6 bis 8 Minuten rosa garen.
Pinotage-Jus	30 g Butter 5 g schwarzer Pfeffer, gestoßen 30 g Schalotten, fein gewürfelt 150 ml Rotwein 200 ml Wildfond 5 g Mondamin Salz	Die Butter in einem Topf erhitzen und die Schalotten mit dem Pfeffer darin farblos anschwitzen. Rotwein hinzugeben und zur Hälfte reduzieren. Mit Wildfond aufgießen, würzen und etwas einkochen. Die Sauce nach Bedarf mit Mondamin abbinden.
Polenta	500 ml Wasser 150 g Maisgrieß, mittelfein 80 g Butter 80 g Parmesan, gerieben Salz	Salzwasser zum Kochen bringen und den Maisgrieß langsam einrühren. Den Käse und 40 g der Butter unter die fertig gekochte Polenta rühren. Auf einem gebutterten Backblech circa 2 cm dick ausstreichen und erkalten lassen. Die erkaltete Masse in Rauten schneiden und in der restlichen Butter von beiden Seiten goldbraun anbraten.

Anhang
Die Spitzenköche
(Stand Oktober 2009)

Juan Amador
Restaurant Amador
Vierhäusergasse 1
D-63225 Langen

Tel.: +49 6103 50 27 13
Fax: +49 6103 50 27 14
www.restaurant-amador.de
info@restaurant-amador.de

Karl Baumgartner
Restaurant Schöneck
Schloss-Schöneck-Str. 11
I-39030 Kiens, Pfalzen/Mühlen (BZ)

Tel.: +39 0474 565 550
www.schoeneck.it
info@schoeneck.it

Paul Bocuse
L'Auberge du Pont de Collonges
40 Rue de la Plage
F-69660 Collonges au Mont d'Or

Tel.: +33 4 72 42 90 90
Fax: +33 4 72 27 85 87
www.bocuse.fr

Jonnie Boer
De Librije
Broerenkerkplein 13-15
NL-8011 TW Zwolle

Tel.: +31 38 421 20 83
Fax: +31 38 423 23 29
www.librije.com
info@librije.com

David Bouley
Bouley
120 West Broadway
USA-New York, NY 10013

Tel: +1 212 964 2525
Fax: +1 212 693 7490
www.davidbouley.com
info@bouleynyc.com

Daniel Boulud
Daniel
60 East 65th Street
USA-New York, NY 10065

Tel.: +1 212 288 0033
Fax: +1 212 396 9014
www.danielnyc.com
info@danielnyc.com

Martin Buchleither
Landhotel Mühle zu Gersbach
Zum Bühl 4
D-79650 Schopfheim

Tel.: +49 7620 90400
Fax: +49 7620 904055
www.muehle.de
hotel@muehle.de

Pierre Buess
Hotel Stadthof
Gerbergasse 84
CH-4001 Basel

Tel.: +41 61 261 87 11
Fax: +41 61 261 25 84
www.stadthof.ch
info@stadthof.ch

Philippe Chevrier
Domaine de Châteauvieux
Chemin de Châteauvieux 16
Peney-Dessus
CH-1242 Satigny – Genève

Tel.: +41 22 753 15 11
Fax: +41 22 753 19 24
www.chateauvieux.ch
info@chateauvieux.ch

Filippo Chiappini Dattilo
Antica Osteria del Teatro
Via Verdi, 16
I-29100 Piacenza

Tel.: +39 523 323777
Fax: +39 523 304934
www.anticaosteriadelteatro.it
menu@anticaosteriadelteatro.it

Martin Dalsass
Ristorante Santabbondio
Via Fomelino 10
CH-6924 Sorengo, Lugano

Tel.: +41 91 993 23 88
www.ristorante-santabbondio.ch
santabbondio@bluewin.ch

Sven Elverfeld
Aqua
Stadtbrücke
D-38440 Wolfsburg

Tel.: +49 5361-607000
Fax: +49 5361-608000
www.restaurant-aqua.com
info@restaurant-aqua.com

Marcello Fabbri
Anna Amalia
Markt 19
D-99423 Weimar

Tel.: +49 3643 80 20
www.luxurycollection.com/elephant
elephant.weimar@
arabellasheraton.com

Michael Fell
Villa am See
Schwaighofstraße 53–55
D-83684 Tegernsee

Tel.: + 49 80 22 187700
Fax: + 49 80 22 18770100
www.villa-am-see-tegernsee.de
info@villa-am-see-tegernsee.de

Alfred Friedrich
Tigerpalast Varieté Theater
Heiligkreuzgasse 16-20
D-60313 Frankfurt

Tel.: +49 69 920022 0
Fax: +49 69 920022 17
www.tigerpalast.de
info@tigerpalast.de

Elisabeth Grabmer
Waldschänke
Kickendorf 15
A-4710 Grieskirchen

Tel.: +43 7248 62308
Fax: +43 7248 66644
www.waldschaenke.at
waldschaenke@utanet.at

Michel Guérard
Les Prés d'Eugénie
F-0320 Eugénie les Bains
Landes

Tel.: +33 5 58 05 05 05 & +33 5 58 05 06 07
Fax: +33 5 58 51 10 10
www.michelguerard.com
guerard@relaischateaux.com

Hans Haas
Restaurant Tantris
Johann-Fichte-Str. 7
D-80805 München

Tel.: +49 89 361 959 0
Fax: +49 89 361 959 22
www.tantris.de
info@tantris.de

Marc Haeberlin
L´Auberge de L`Ill
2, rue de Collonges au Mont d'Or
F-68970 Illhaeusern

Tel.: +33 389718900
Fax: +33 389718283
www.auberge-de-l-ill.com
aubergedelill@aubergedelill.com

Tillmann Hahn
Der Butt
Am Yachthafen 1
D-18119 Rostock-Warnemünde

Tel.: +49 381 5040 0
Fax: +49 381 5040 6098
www.hohe-duene.de
info@yhd.de

Geert Van Hecke
De Karmeliet
Langestraat 19
B-8000 Brugge

Tel.: +32 50 33 82 59
Fax: +32 50 33 10 11
www.dekarmeliet.be
karmeliet@resto.be

Eyvind Hellstrøm
Bagatelle
Bygdoy Alle 3
N-0257 Oslo

Tel.: +47 22 12 14 40
Fax: +47 22 43 64 20
www.bagatelle.no
bagatelle@bagatelle.no

Stefan Hermann
bean&beluga
Bautzner Landstraße 32
D-01324 Dresden

Tel.: +49 351 44008800
Fax: +49 351 44008822
www.bean-and-beluga.de
info@bean-and-beluga.de

Livia und Alfonso Iaccarino
Don Alfonso 1890
Corso Sant'Agata, 11/13
I-80064 Sant'Agata Sui Due Golfi,
Naples

Tel.: +39 081 878 00 26 &
+39 081 878 05 61
Fax: +39 081 533 02 26
www.donalfonso1890.com
info@donalfonso.com

André Jaeger
Fischerzunft
Rheinquai 8
CH-8200 Schaffhausen

Tel.: +41 52 632 05 05
Fax.: +41 52 632 05 13
www.fischerzunft.ch
info@fischerzunft.ch

Emile Jung
Au Crocodile
10 Rue de l'Outre
F-67000 Strasbourg

Tel. : +33 388 321302
Fax: +33 388 757201
www.au-crocodile.com
info@au-crocodile.com

Dieter L. Kaufmann
Zur Traube
Bahnstraße 47
D-41515 Grevenbroich

Tel.: + 49 2181 68767
Fax: + 49 2181 61122
www.zur-traube-grevenbroich.de
post@zur.traube-grevenbroich.de

Thomas Keller
The French Laundry
6640 Washington St.
USA-Youthville, CA 94599

Tel.: +1 707 944 2380
www.frenchlaundry.com

Johannes King
Söl'ring Hof
Am Sandwall 1
D-25980 Rantum / Sylt

Tel.: +49 46 51 83 62 00
Fax: +49 46 51 83 62 02 0
www.soelring-hof.de
info.soelringhof@dorint.com

Tam Kok Kong „Chef Tam"
China Club Berlin
Behrenstrasse 72
D-10117 Berlin

Tel.: +49 30 20 912 0
Fax: +49 30 20 912 11
www.china-club-berlin.com
member@china-club-berlin.com

Norbert Kostner
Mandarin Oriental, Bangkok
48 Oriental Avenue
Bangkok 10500
Thailand

Tel.: +66 (2) 659 9000
http://www.mandarinoriental.com/
bangkok/

Gabriel Kreuther
The Modern
9 West 53rd Street
USA-New York, NY 10019

Tel: +1 212 33 1220
www.themodernnyc.com
info@themodernnyc.com

Andreas Krolik
Park Restaurant
Schillerstraße 4/6
D-76530 Baden-Baden

Tel: +49 7221 900890
Fax: +49 7221 38772
www.brenners.com
information@brenners.com

Ralf J. Kutzner
Hotel Bülow Residenz Dresden
Rähnitzgasse 19
D-01097 Dresden

Tel.: +49 351 8003 0
Fax: +49 351 8003 100
www.buelow-residenz.de
info@buelow-residenz.de

Susur Lee
Madeline's
603 King Street West
C-Toronto, Ontario Canada
M5V 1M5

Tel: +1 416 603 2205
www.susur.com
postmaster@susur.com

Lee
603 King Street West
Toronto, Ontarion
C-Canada M5V 1 M5

Tel.: +1 416 504 7867
Fax. +1 416 504 7886
www.susur.com
postmaster@susur.com

Rey Lim
The Courtyard Restaurant
95 Donghuamen Avenue
Beijing, 10006
China

Tel.: +86 10 6526 8883
Fax: +86 10 6526 8880
www.courtyardbeijing.com
restaurant@courtyard.net.cn

Mario Lohninger
Silk Bed Restaurant
Carl-Benz-Straße 21
D-60386 Frankfurt am Main

Tel.: +49 69 900200
Fax: +49 69 90020290
www.silk-restaurant.de
reservierung@cocoonclub.net

Gualtiero Marchesi
Ristorante Gualtiero Marchesi
Via Vittorio Emanuele, 23
I-25030 Erbusco – Brescia

Tel.: +39 0307760562
Fax: +39 0307760379
www.marchesi.it
ristorante@marchesi.it

Thomas Martin
Jacobs Restaurant
Elbchaussee 401-403
D-22609 Hamburg

Tel.: +49 40 82255 0
www.hotel-jacob.de
jacob@hotel-jacob.de

Reto Mathis
La Marmite
Corviglia
CH-7500 St. Moritz

Tel.: +41 81 833 63 55
Fax: +41 81 833 85 81
www.mathisfood.ch
info@mathisfood.ch

Dieter Müller
Restaurant Dieter Müller
Lerbacher Weg
D-51465 Bergisch Gladbach

Tel.: +49 2202 204 0
Fax: +49 2202 204 940
www.schlosshotel-lerbach.com
lerbach@relaischateaux.com

Jörg Müller
Restaurant Jörg Müller
Süderstrasse 8
D-25980 Westerland

Tel.: +49 4651 27788
Fax: +49 4651 201471
www.hotel-joerg-mueller.de
info@hotel-joerg-mueller.de

Norbert Niederkofler
St. Hubertus
Dolomiten - Str. Micura de Rü, 20
I-39030 St. Kassian – Südtirol

Tel.: +39 0471 849500
Fax: +39 0471 849377
www.rosalpina.it
info@rosalpina.it

Karl und Rudolf Obauer
Restaurant-Hotel Obauer
Markt 46
A-5450 Werfen

Tel.: +43 6468 /52 12 0
Fax: +43 6468 /52 12 12
www.obauer.com
ok@obauer.com

Martha Ortiz Chapa
Aguila y Sol
Av. moliere 42
Polanco 11560 México,
Mexico City D.F.
aguilaysol@prodigy.net.mx

Helmut Österreicher
Österreicher im MAK
Stubenring 5
A-1010 Wien

Tel.: +43 1 7140121
Fax: +43 1 7140121
www.oesterreicherimmak.at
reservierung@oesterreicherimmak.at

Anne-Sophie Pic
Maison Pic
285, Avenue Victor Hugo
F-26000 Valence

Tel.: +33 (4) 75 44 53 86
www.pic-valence.com
pic@relaischateaux.com

Cornelia Poletto
Poletto
Eppendorfer Landstraße 145
D-20251 Hamburg

Tel.: +49 40 480 21 59
Fax: +49 40 41 40 69 93
www.poletto.de

Saverio Pugliese
Alter Haferkasten
Löwengasse 23
D-63263 Neu-Isenburg

Tel.: +49 6102 326059
Fax: +49 6102 329688
www.alter-haferkasten.de
info@alterhaferkasten.de

Gérard Rabaey
Restaurant Le Pont de Brent
Route de Blonay 4
CH-1817 Brent

Tel.: +41 21 964 52 30
Fax: +41 21 964 55 30
www.lepontdebrent.com
rabaey@bluewin.ch

Manfred Roth
Tokio Mandarin Oriental
2-1-1 Nihonbashi Muromachi
Chuo-ku
Tokyo 103-8328, Japan

Tel.: +81 (3) 3270-8800
Fax: +81 (3) 3270-8199
www.mandarinoriental.com/tokyo/
motyo-fbres@mohg.com

Harald Rüssel
Rüssels Landhaus St. Urban
Büdlicherbrück 1
D-54426 Neurath/Wald

Tel.: +49 6509 9140 0
Fax: +49 6509 9140 40
www.landhaus-st-urban.de
info@landhaus-st-urban.de

Santi Santamaria
Can Fabes
Sant Joan 6
E-08470 Sant Celoni

Tel.: +34 938 67 28 51
Fax: +34 938 67 38 61
www.canfabes.com
canfabes@canfabes.com

Nadia und Antonio Santini
Ristorante "dal Pescatore"
Località Runate
I-46013 Canneto sull'Oglio – Mantova

Tel.: +39 0376 7230 01
Fax: +39 0376 703 04
www.dalpescatore.com
pescatore@relaischateaux.com

Guy Savoy
Restaurant Guy Savoy
18 Rue Troyon
F-75017 Paris

Tel.: +33 1 43804061
Fax: +33 1 46224309
www.guysavoy.com
reserv@guysavoy.com

Martin Sieberer
Paznaunerstube
Ischgl 334
A-6561 Ischgl/Tirol

Tel.: +43 5444 600
Fax: +43 5444 600-90
www.trofana.at
office@trofana.at

Chris Staines
Foliage
66 Knightsbridge
GB-London SW1X 7LA

Tel.: +44 20 7201 3773
Fax: +44 20 7201 3703
Molon-info@mohg.com
www.mandarinoriental.com/london

Hans Stefan Steinheuer
Zur Alten Post
Landskroner Straße 110
D-53474 Bad Neuenahr-
Ahrweiler/Ortsteil Heppingen

Tel.: +49 26 41 9 48 60
Fax: +49 26 41 94 86 10
www.steinheuers.de
info@steinheuers.de

Luisa Valazza
Ristorante Hotel Al Sorriso
Via Roma 18
I-28018 Soriso

Tel.: +39 0322 983228
Fax: +39 0322 983328
www.alsorriso.com
sorriso@alsorriso.com

Jean-Georges Vongerichten
Jean Georges
1 Central Park West
USA-New York 10023

Tel.: +1 212 299 3900
www.jean-georges.com

Mike Wehrle
The Peninsula Bangkok
333 Charoennakorn Road
Klongsan, Bangkok 10600
Thailand

Tel.: +66 2 861 2888
www.peninsula.com

Heinz Winkler
Residenz Heinz Winkler
Kirchplatz 1
D-83229 Aschau im Chiemgau

Tel.: +49 8052 1799 0
Fax: +49 8052 1799 66
www.residenz-heinz-winkler.de
info@residenz-heinz-winkler.de

Joachim Wissler
Restaurant Vendôme
Kadettenstraße
D-51429 Bergisch Gladbach

Tel.: +49 2204 42 0
Fax: +49 2204 42 888
www.schlossbensberg.com
info@schlossbensberg.com

Harald Wohlfahrt
Schwarzwaldstube
Tonbachstraße 237
D-72270 Baiersbronn

Tel.: +49 7442 492 0
Fax: +49 7442 492 692
www.traube-tonbach.de
info@traube-tonbach.de

JinR
Green T.House
No. 6 Gongtixilu
Chaoyang Beiling
China

Tel.: +86 10 6552 8310/11
Fax: +86 10 6553 8750
www.green-t-house.com
info@green-t-house.com

Frank Zlomke
Grande Roche Hotel, Relais &
Chateaux
Plantasie Street, Paarl, 7622
Western Cape
South Africa

Tel.:+27 218635100
Fax:+27 218632220
www.granderoche.co.za
reserve@granderoche.co.za

Rezeptregister

Bedanken können wir uns nicht genug ...

... bei allen Star Chefs, die uns nicht nur ihr Vertrauen geschenkt haben, sondern von denen wir auch immer wieder viel Neues lernen dürfen.

Unser Dank gilt vor allem aber auch den Passagieren und Flugbegleitern, die das Produkt täglich erleben und uns durch ihre zahlreichen Rückmeldungen immer wieder ermuntern, nicht stehen zu bleiben, sondern innovativ das Star Chefs Programm weiterzuentwickeln.

Dank gilt auch dem Team „Produktmanagement & Innovation" der Lufthansa für die Verantwortung, die sie uns mit der Beauftragung als Agentur geben.

„Last but definitely not least" danken wir aus vollem Herzen allen so zahlreich beteiligten Kollegen bei In-flight Management Solutions und allen Mitarbeitern in den verschiedenen LSG Sky Chefs Küchen, die unermüdlich im Hintergrund täglich dazu beitragen, dass das Star Chefs Programm so erfolgreich ist und so dieses Buch erst möglich wurde.

Bernd Hildenbrand   **Thomas Stets**

Vor über 30 Jahren trat ich in die Dienste der Lufthansa. Die Freude und der Spaß am Fliegen begleiten mich seit meiner Kindheit. Mein besonderes Interesse gilt dabei der Entwicklung des Fliegens und des Service an Bord. So reifte in mir die Idee, zum zehnjährigen Bestehen des Star Chefs Programms Ihnen als geschätztem Fluggast ein Buch zu präsentieren, in dem die hervorragenden Gerichte, die an Bord dank unserer Spitzenköche serviert werden, gebührend gewürdigt werden.

Aber „Das First Class Kochbuch" ist weit mehr als nur ein „klassisches" Kochbuch, sondern vielmehr Ausdruck meiner Begeisterung für einen der spannendsten Aspekte der Technik – der Geschichte des Fliegens. Eng damit verknüpft ist der Service an Bord, der es in allen Epochen zur Aufgabe hatte, Sie als Fluggast zwischen Start und Landung kulinarisch zu verwöhnen.

Ich wünsche Ihnen viel Freude mit unserem Buch und vor allem ein gutes Gelingen beim Nachkochen der Gerichte.

Ihr

Bernd Hildenbrand
Managing Director

LSG Sky Chefs
In-flight Management Solutions GmbH